A cincuenta años de

Teoría de la Justicia

(Humanidades, 3)

A cincuenta años de

Teoría de la Justicia

John Rawls (entrevista)
Roberto Gargarella
Paulette Dieterlen Struck
Emilio Martínez Navarro
Juan Ormeño Karzulovic
Thomas Pogge

CoNtRaStE

Índice

Presentación

"...un grave conflicto político muestra la necesidad de la filosofía política e incluso generalmente la reclama".
John Rawls

Los principios de la justicia, la prioridad de las libertades, la dignidad de la persona, la estructura básica de la sociedad, el alcance del liberalismo político, la pluralidad de formas de vida, son algunos de los temas que *Teoría de la justicia* de John Rawls (1921-2002) instaló en el debate académico y político nada más ver la luz en 1971. Dichos temas cambiaron el rumbo intelectual del siglo XX y siguen, hasta el día de hoy, incidiendo de forma importante en la reflexión filosófico-política. Pero la obra de Rawls no sólo destacaba por su propuesta específica, sino además porque dialogaba con naturalidad con autores como Immanuel Kant, Jean-Jacques Rousseau, David Hume, John Stuart Mill, Henry Sidgwick y Karl Marx, todo ello con el propósito de perfilar las condiciones de convivencia institucional adecuadas a una sociedad democrática, mismas que no sólo han de ser legítimas, sino también y sobre todo justas.

Abrir el arco de la reflexión filosófica y moral es, así, el legado invaluable de John Rawls. Su obra cambió los términos de la discusión y nos hizo volver la vista a uno de los temas clásicos: el de la justicia en tanto "la excelencia humana" que produce "concordia y amistad", como afirma ya Sócrates en el Libro I de la *República* de Platón. Luego de *Teoría de la justicia* ha sido posible debatir con sentido, y con urgencia, en torno a ese problema fundamental de nuestras sociedades.

Rawls puso el énfasis en el marco ético necesario para toda reflexión política.

Ahora bien, el impacto que *Teoría de la justicia* ha tenido en el mundo académico queda de manifiesto en las colaboraciones que se recogen en el presente libro, donde profesores de Argentina (Roberto Gargarella), Chile (Juan Ormeño Karzulovic), España (Emilio Martínez Navarro), Estados Unidos (Thomas Pogge) y México (Paulette Dieterlen Struck) reflexionan en torno a la obra tomando como punto de partida las siguientes dos preguntas que les hemos hecho llegar: 1) ¿Qué balance hace usted del impacto que *Teoría de la justicia* ha tenido en el desarrollo de la filosofía moral y política de nuestro tiempo?, y 2) ¿Qué evaluación hace usted de los dos principios de la justicia, con la prioridad de las libertades, como contenido central de una sociedad bien ordenada?

Pero como nuestro propósito es dialogar con Rawls tomando en serio su propuesta de pensar el problema de la justicia en las sociedades contemporáneas, las colaboraciones aquí reunidas van más allá de la filosofía rawlsiana para proponer temas puntuales de los que una teoría de la justicia debiera hacerse cargo hoy en día. De aquí la tercera pregunta que les planteamos: 3) Más allá de Rawls, ¿qué otros temas y problemas considera usted que tendría que abordar una teoría de la justicia para las sociedades actuales?

En este sentido, en su respuesta Dieterlen Struck señala la pobreza y exclusión como temas propios de una teoría actual de la justicia, mientras que Martínez Navarro menciona la necesidad de conciliar libertad, seguridad, privacidad e igualdad. Pogge, por su parte, nos alerta sobre la urgencia de llevar el análisis moral institucional a nivel supranacional y, finalmente, Ormeño Karzulovic propone la desafección ciudadana con respecto a las instituciones democráticas como tema que debe abordar la filosofía política hoy.

Resulta claro que los aquí enlistados, así como otros que se especifican en cada una de las colaboraciones, son problemas ingentes de nuestro tiempo cuya dolorosa realidad no ha hecho más que acentuarse en los años recientes. Con sus reflexiones al respecto, nuestros autores invitados siguen la enseñanza de Rawls en torno a la "tarea práctica" que corresponde a la filosofía. No es este un libro de homenaje, sino más bien un esfuerzo reflexivo para pensar la teoría de la justicia ralwsiana y, con y desde ella, los retos actuales que enfrentamos para conseguir formas de vida en condiciones de libertad e igualdad para todos, formas de vida justa.

Esta discusión en torno a *Teoría de la justicia* y más allá es sobre lo que trata la segunda parte de este libro, mientras que en la primera abrimos con una entrevista que Rawls concedió a *The Harvard Review of Philosophy* en 1991. El documento, que publicamos aquí con autorización del Philosophy Documentation Center, es un testimonio interesante en la medida en que allí el Profesor aborda aspectos de su vida, así como las lecturas, intereses y preocupaciones que fueron perfilando su idea de la justicia. Rawls habla incluso de su labor como docente y del papel que —desde su punto de vista— tiene la filosofía en la sociedad. La entrevista, junto con la colaboración de Roberto Gargarella incluida también en esta primera parte, resultan aleccionadoras pues nos acercan al espíritu rawlsiano: sus motivaciones, su proyecto intelectual, sus semillas y sus líneas generales de desarrollo.

El libro que aquí presentamos habrá de resultar de interés tanto al especialista en la obra de Rawls que busca reflexionar e informarse en torno al estado de la discusión actual, como a quien quiere acercarse por vez primera a la filosofía de quien es ya considerado un clásico del siglo XX.

Agradecemos encarecidamente a cada uno de nuestros colaboradores. Sin su generosa disposición este libro no habría sido posible.

Diciembre de 2021,
Contraste Editorial

*"...la actividad colectiva de la justicia es
la forma preeminente del florecimiento humano"*
(Teoría de la justicia, §79)

I.
John Rawls y su obra

John Rawls: Una entrevista memorable[1]

Samuel R. Aybar, Joshua D. Harlan y Won J. Lee

John Rawls es "James Bryant Conant University Professor of Philosophy" en la Universidad de Harvard. Originario de Baltimore, Maryland (1921), el profesor Rawls es tal vez mejor conocido por el libro *Teoría de la justicia* (1971), un referente en la filosofía política. Actualmente trabaja en su reformulación bajo el título tentativo de *Justice as fairness: a briefer restatement*. Esta entrevista se llevó a cabo el 20 de marzo de 1991 en la oficina del profesor Rawls en el Edificio Emerson de la Universidad de Harvard.

The Harvard Review of Philosophy (HRP): Háblenos de usted. ¿Cómo fue que se interesó en la filosofía?

John Rawls (JR): Bueno, no creo que realmente sepamos cómo es que nos interesamos en algo o por qué. Sólo podemos decir lo que pasó. Estudié en Princeton y finalmente me licencié en filosofía. En septiembre de mi primer año Hitler invadió Polonia y la guerra en Europa ensombreció todo. Pasé bastante tiempo leyendo sobre la Primera Guerra Mundial y sobre la cuestión de la guerra misma. Desde luego, entonces todos sabíamos que tarde o temprano entraríamos en la guerra. Eso

---

[1] Esta entrevista fue publicada originalmente por *The Harvard Review of Philosophy* y se reproduce aquí con autorización del Philosophy Documentation Center (©*The Harvard Review of Philosophy*: Samuel R. Aybar, Joshua D. Harlan, Won J. Lee, John Rawls, "John Rawls: For the Record", Volume 1, Issue 1, Spring 1991, pp. 38-47). Traducción de Suzanne Islas Azais.

convirtió a nuestra generación, en términos de su experiencia bélica, en una muy distinta con respecto a generaciones recientes. Estuve en el ejército por tres años, de principios del 43 a principios del 46, un tiempo en el Pacífico, en Nueva Guinea, las Filipinas y Japón. No puedo decir exactamente cómo todo eso me afectó, pero debió haber tenido alguna influencia. Cuando la guerra terminó volví a Princeton como estudiante de posgrado para el periodo de primavera de 1946.

HRP: ¿Esperaba ser estudiante de filosofía cuando entró a Princeton?

JR: No sabía lo que iba a hacer. Había estudiado en Kent School, un colegio privado en Kent, Connecticut. Pero aún no había desarrollado ningún interés intelectual claro y tenía en la cabeza varias licenciaturas, incluso Matemáticas y Química, pero pronto me di cuenta que estaban más allá de mis capacidades, así que me quedé en Filosofía.

HRP: Háblenos un poco más sobre sus experiencias formativas en el ejército. Sus ideas posteriores sobre la justicia, ¿estaban más influidas por sus pensamientos en torno a las sociedades que nuestro país estaba confrontando o por sus sentimientos en torno a la estructura de nuestra sociedad militar?

JR: Bueno, como ya dije, creo que no sabemos cómo es que llegamos a hacer algo, o qué exactamente nos influye de esta u otra manera. Estar en la guerra por tres años debe de haberme afectado de manera importante, pero no diría que esos años fueron particularmente formativos. Cuando pienso en torno a la idea de la filosofía que terminé por suscribir, no creo que sus contenidos puedan rastrearse hasta mi experiencia de entonces. He pensado con frecuencia que seguramente debe haber alguna conexión, pero no he sido capaz de definirla. Tal vez eso sea un fracaso de reflexión de mi parte. Por supuesto, y como mucha gente, salí del ejército detestándolo y pensando que es de suma importancia que el ejército esté subordinado al gobierno civil. Nada nuevo.

HRP: ¿Fue como estudiante de posgrado cuando se interesó en la rama de la filosofía en que se volvería célebre?

JR: Bueno, yo siempre estuve interesado en la filosofía moral, desde un principio. Durante mucho tiempo también estuve interesado en la religión. Kent School era un colegio religioso. Fue fundado por el padre Sill, de la Orden Episcopal de la Santa Cruz, y con frecuencia había otros miembros de la orden por allí. Asistíamos a la capilla todos los días y los domingos dos veces. No diría que era una comunidad estudiantil religiosamente orientada, pero tampoco podías sin más evitar la religión. Tenías que reaccionar al respecto de alguna manera.

HRP: Usted es ¿de dónde?

JR: Crecí en Baltimore y pasé allí toda mi juventud, excepto por los veranos en Maine y, claro, buena parte del año en el internado durante mi adolescencia. Mi padre era de Carolina del Norte, mi madre de una antigua familia de Maryland. La mayor parte de mi familia era de allí y también la familia materna de mi esposa. Muchos de mis viejos amigos aún viven allí.

HRP: ¿Cuándo empezó a pensar y escribir todo lo que le llevó a *Teoría de la justicia*?

JR: Empecé a tomar algunas notas por allá del otoño de 1950, luego que concluí mi tesis. Para entonces había leído algo de economía por mi propia cuenta y ese otoño asistí a un seminario conducido por W. J. Baumol —él es un célebre economista hoy en día—. Traté de cumplir con todo el trabajo.

Leímos *Value and capital* de J. R. Hicks, y traté de comprender cabalmente ese libro, también partes de *Foundations* de Samuelson, su capítulo sobre economía del bienestar me llevó a artículos sobre la llamada nueva economía del bienestar. Todo esto mientras era estudiante de posgrado y luego cuando fui profesor en Princeton por dos años, de 1950 a 1952. También leí algo de *Elements* de Walras y estudié un poco de teoría de juegos. El libro de Von Neumann y Morgenstern recién había sido publicado en 1944; ese fue el gran trabajo sobre teoría de juegos que fundamentó el tema. Me parecieron muy aleccionadores varios ensayos de Frank Knight en su *Ethics of competition*; él estaba tan interesado en filosofía social como en economía. Como resultado de todo esto, de alguna manera —no me pregunten cómo— además del tema de teoría moral —sobre el cual escribí mi tesis— fue por todo eso, en 1950-1951, que tuve la idea que habría de derivar en la posición original. La idea era diseñar un esquema de discusión a partir del cual resultarían principios razonables de justicia. Entonces yo tenía un procedimiento mucho más complicado que el que finalmente presenté. Durante todos estos años tuve que dar clases de filosofía, pero mantuve mi interés en la economía tanto como pude. Después mi esposa, mi hija de dos años y yo nos fuimos un año a Inglaterra con una beca Fullbright.

HRP: ¿Publicó esa fórmula original más complicada?

JR: No, no pude desarrollarla completamente. Quedaron por allí notas en papel que debe estar envejeciendo en alguna parte de mi casa.

HRP: ¿Podría hablarnos un poco sobre esa fórmula?

JR: Como dije, era un intento de formular un esquema de discusión entre personas que les llevaría a acordar —dadas sus circunstancias— lo que podríamos pensar como principios razonables de justicia. Tenían que plantear propuestas a un árbitro central sin conocer lo que los demás estaban proponiendo, y había un límite de tiempo establecido para la discusión a fin de que se alcanzara algún tipo de acuerdo. Había muchos más detalles. Pueden imaginárselos. Al final deseché todo eso con el velo de la ignorancia limitando lo que las personas podían saber; también establecí que el acuerdo sería vinculante a perpetuidad. Todo esto era un enorme dispositivo simplificador. En su forma original era muy, muy complicado. Había muchos problemas que parecían sin solución; por ejemplo, qué tanto presionar a las personas para alcanzar un acuerdo, o cuánto tiempo darles al respecto, y asuntos de ese tipo. Recuerden, necesitamos una justificación filosófica para cada respuesta. La última formulación de la posición original tiene la virtud de evitar aspectos que me interesaron inicialmente, como la teoría de juegos y el equilibrio general tal y como lo usan los economistas, cosas de las que nunca realmente supe mucho. Entonces se me ocurrió, "Bueno, tengo que deshacerme de todo esto". En retrospectiva, creo que hice lo correcto. Aunque creo que hay otras formas en que podría haberse hecho y podría ciertamente hacerse. Por ejemplo, el profesor Scanlon (T. M. Scanlon de la Universidad de Harvard) no emplea nada semejante al velo de la ignorancia; hay alguna semejanza (en su argumentación) con la posición original, pero su idea es en realidad bastante diferente. Así que su perspectiva es otra posible. Además, creo que se podría diseñar un esquema de discusión más realista y exitoso con respecto a los puntos donde yo fracasé. No excluiría otras posibilidades realizadas de lo que yo hice.

HRP: ¿Cuáles son algunas de las modificaciones más relevantes que ha hecho entre *Teoría de la justicia* y *A briefer restatement*?

JR: Quiero que *Restatement* sea conciso y que contenga todo, incluso meramente señalado, en un mismo escrito. Por lo demás, no me gusta ese título pero no he encontrado otro mejor, de modo que seguiré llamándolo así. Quiero que sea más accesible y más fácil de leer que *Teoría*. Me gustaría que se publicara pronto, pero aún tengo pendientes varias partes. Trato de afrontar tres cuestiones: una de ellas es rehacer el argumento de la posición original y exponerlo en una forma más sencilla, mejorando los problemas de exposición en el libro; otra cuestión es responder a varias de las objeciones, explicando por qué rechazo algunas, pero incorporando las modificaciones que otras sugieren y, finalmente, trato de combinar la perspectiva del libro con lo que desde entonces he escrito en artículos.

HRP: ¿La mayoría de esos artículos son una respuesta a las críticas recibidas?

JR: En realidad no. He respondido a algunas personas, ciertamente, así que sí hay respuestas, pero lo que sobre todo hago en esos artículos, según lo entiendo ahora que los he escrito —uno no siempre entiende lo que está haciendo hasta que termina— es trabajar mi punto de vista a fin de que no sea internamente inconsistente. Me explico: para desarrollar la justicia como equidad [*fairness*] el libro emplea la idea de una sociedad bien ordenada que asume que todos en esa sociedad aceptan la misma doctrina comprehensiva, tal y como la llamo ahora. Me di cuenta que eso sencillamente nunca sucede en una sociedad democrática, el tipo de sociedad que los principios del libro requieren. Esa es la inconsistencia interna. Así que tuve que modificar la descripción de la sociedad bien ordenada y esto me llevó a la idea del consenso traslapado y demás conceptos relacionados. Sobre esto es de lo que se tratan los últimos artículos. Desde las tres conferencias publicadas en el *Journal of philosophy*, de eso se tratan.

Así que no veo esos artículos en primer lugar como respuestas a objeciones recibidas, aunque sí planteo respuestas a objeciones importantes en algunas de sus partes y en las notas al pie. Las personas merecen una respuesta si sus objeciones plantean puntos importantes que pueden abordarse razonablemente. Es parte de las obligaciones que uno tiene cuando se compromete en estos temas. Pero el propósito principal es desarrollar esta otra parte y luego incorporarla a la perspectiva de *Teoría de la justicia*. Como lo veo, el desarrollo es interno —es decir, me di cuenta que algo estaba equivocado y, por tanto, tenía que corregirlo—. Cuando recién empecé a trabajar en la idea del consenso traslapado y los conceptos que le acompañan, pensé que sería sencillo, incluso trivial. Pensé que esa idea del consenso era tan obvia que no tendría ningún problema, pero resultó ser más complicada de lo que imaginé, y en realidad aún no la he concluido. Además, en *Restatement*, como dije, quería mejorar el argumento. En algunos casos había aspectos que eran poco claros, en otros se trataba simple y sencillamente de errores.

HRP: Nos ha dicho que siente una especie de "deber" de responder a sus críticos, si puede hacerlo razonablemente. ¿Qué papel considera que tiene en tanto autor que le lleva a asumir esa responsabilidad?

JR: Son varios aspectos. Creo, en primer lugar, que como miembro de una comunidad académica se tiene la obligación de responder si puede hacerse de manera razonable y responder de forma tal que propicie una mejor discusión. Se deben evitar los pleitos y las discusiones infructuosas. Hay personas cuyas críticas son muy buenas y merecen una respuesta. Todo esto es parte de la vida académica. En una sociedad democrática, como lo es la nuestra —aunque ciertamente se queda muy corta si tenemos en cuenta lo que debería de ser— considero que la filosofía tiene como destinataria la ciudadanía —no el gobierno, no es este nuestro objetivo— la filosofía se dirige a otras personas como uno mismo, aquellas que forman parte del electorado. Es importante llevar la discusión política al nivel más profundo y hacerlo con la mayor claridad posible, de forma tal que sea accesible a todas las personas. De esta manera indirecta, si consideran tus ideas convincentes, podría propiciarse el cambio social o, para ser más realistas, podría evitarse que la situación empeorara. En una sociedad democrática, la filosofía política no tiene desde luego ninguna autoridad, pero puede tratar de conquistar la autoridad de la razón humana. No hay juez institucional que sancione si se ha alcanzado ese propósito o no, como no lo hay para la ciencia ni para ninguna otra indagación racional. No obstante, esa es la única autoridad que la filosofía política puede reconocer.

HRP: Se dice que sus teorías han tenido influencia en los movimientos democráticos de Europa del Este. ¿Sabe algo al respecto?

JR: En realidad no. *Teoría de la justicia* ha sido traducida a todos los idiomas europeos importantes. Pero no sé qué tanto se conozca en los países del Este de Europa. Me comentaron que algunas partes del libro habían sido traducidas al ruso, pero no las he visto. También me dijeron que algunas partes están ya en húngaro. No he sabido de alguna traducción al polaco, pero puede que haya algo. Desde hace tiempo está en chino, coreano, japonés. Alguien me dijo que le comentaron de unas copias circulando por la Plaza de Tiannanmen.

HRP: ¿Esperaba que *Teoría de la justicia* tuviera tal tipo de acogida?

JR: No. Para nada lo esperaba y probablemente fue mejor así. De otra manera no hubiera sido capaz de escribirla. O sea, me habría pesado esa expectativa y hubiera tenido que ser demasiado cuidadoso.

HRP: ¿Cómo es que el libro se volvió tan famoso? Fue publicado en 1971. ¿Se volvió célebre de inmediato?

JR: Es una pregunta interesante. Y no soy la mejor persona para responderla. Creo, para darles una respuesta, que *Teoría de la justicia* tiene algún mérito. No sé cuánto, y no soy yo quien debe hablar de ello. Más allá de ese mérito, creo que llamó la atención por un conjunto de circunstancias. Deben recordar (el contexto histórico). Fue hace tiempo, así que quizás ustedes no lo tengan presente. Yo en su lugar no lo recordaría. Fue durante la guerra en Vietnam y poco después del movimiento por los derechos civiles. Esos hechos dominaban la política de entonces. Y, sin embargo, no había ningún libro reciente, ningún tratado sistemático —podría decirse— sobre alguna concepción de la justicia política. Durante mucho tiempo hubo una cierta escasez de filosofía política —tanto en la ciencia política como en la filosofía moral—. Muy buenas cosas, algunas de importancia, se habían hecho. Pienso, por ejemplo, en *Concept of law* de H. L. A. Hart y otros de sus escritos, en *Four essays on liberty* de Isaiah Berlin y muchos de sus ensayos, y en *Political argument* de Brian Barry, todos estos de los años sesenta. Pero no había un libro con la perspectiva y la extensión del libro sobre la justicia que abordaba tantas cuestiones al mismo tiempo. Su tamaño y perspectiva eran un poco locos, a decir verdad. Mi manuscrito tenía creo que 350 páginas; cuando estuvieron listas las galeras y la editorial me dijo que eran casi 600 páginas (587, para ser exactos) me quedé sorprendido. En fin, había esta —yo diría— necesidad "político-intelectual" de un libro de este tipo. Por ejemplo, los temas que abordo en el capítulo seis sobre la objeción de conciencia y la desobediencia civil eran muy discutidos entonces. Pero no había ningún libro sistemático contemporáneo que los abordara. Claro que había libros de años atrás y ensayos de ese entonces. Estoy pensando en los espléndidos ensayos de Michael Walzer editados en su *Obligations*. Así que mi *Teoría* fue el primer libro extenso que se publicó después de este periodo de grave conflicto político. Y un grave conflicto político muestra la necesidad de la filosofía política e incluso generalmente la reclama. Así que *Teoría de la justicia* muy pronto llamó la atención. Pero, como se imaginan, yo en realidad no puedo tener un punto de vista objetivo sobre esto. Aunque es así como me lo explico. Fue un asunto de coincidencias. Quince años antes o después su consideración habría sido completamente diferente. Por supuesto, como saben, ha sido criticado con severidad y gran parte de esa crítica ha sido justa. No obstante, el libro sigue leyéndose. No soy yo quien deba decir que ha sobrevivido a las críticas.

HRP: ¿Cómo se siente cuando recibe esas críticas?

JR: Uno tiene que aprender a aceptar las críticas. Muchas no están bien fundamentadas y parten de una mala interpretación. Esas trato de ignorarlas. Pero hay otras críticas que son muy buenas. Aunque no me llenan de alegría las aprecio y, con el tiempo, trato de incorporarlas a lo que estoy escribiendo. Les doy un ejemplo. En 1973 H. L. A. Hart planteó críticas muy importantes a mi punto de vista en torno a las libertades básicas y tenía toda la razón. No supe cómo responder y ocho años después decidí cómo debía hacerlo. Lo escribí y fue publicado en 1982. Todo eso fue muy importante para mí. Me costó trabajo, desde luego, pero ahora puedo defender mi punto de vista de mejor manera.

HRP: ¿Y qué nos dice sobre el hecho de que aquí mismo en el Departamento de Filosofía de Harvard se encuentran algunos dc los más ilustres de sus críticos? ¿Esa circunstancia hace las cosas más tensas o es algo que usted aprecia?

JR: Bueno, en realidad hay dos caras del asunto. Una cierta tensión viene incluida. Nozick, por ejemplo, ha planteado objeciones importantes e interesantes. Algunos puntos partían de una mala interpretación, pero otros eran muy buenos. Aunque no he escrito un artículo completo para responderle, en distintas partes de un artículo de 1978 lo hice (sin mencionar su nombre). Ahora veo las cosas con mayor claridad. Hay una parte en *Restatement*, la sección en la que propongo considerar los talentos naturales como un acervo común. Es un esfuerzo de afrontar algunas de sus objeciones. De modo que aunque uno crea que la objeción no es correcta, bien puede plantearle alguna cuestión importante que le permita comprender mejor las cosas.

HRP: Cuando tiene usted un intercambio crítico con alguien como Robert Nozick, ¿el debate se queda sólo en las páginas de importantes revistas de filosofía, o se reúnen ustedes en su cubículo y se sientan a discutir?

JR: Depende. Pero en el caso de un colega primero tratamos de hablarlo. En el caso de Hart, que vive en Inglaterra, nos escribimos y cuando viene por acá platicamos. Depende de cada caso. Yo siempre he asumido a la filosofía como un asunto conversacional. Se aprende mejor hablándolo y lo escrito debe ser objeto de discusión y crítica —en ocasiones parece casi sin fin— antes de que salga impreso.

HRP: ¿Qué se siente ser tan reconocido?

JR: Trato de ignorarlo, aunque probablemente sin mucho éxito. Se nota en la forma en que la gente me trata, por ejemplo, cuando me presentan a alguien y me ve por primera vez. A nadie le haría bien pensar en eso, pues podría afectar seriamente su trabajo. Así que trato de no prestarle atención.

HRP: ¿Entonces, lo más significativo para usted de la discusión con sus críticos es que le permite consolidar sus ideas?

JR: Sí, eso es lo que me gusta pensar, sí. Consolidar mis ideas. Sería deshonesto decir que me tienen sin cuidado las respuestas. Claro que me importan y me importa qué tan aceptadas sean. Pensé que publicaría *Teoría de la justicia* y quizás algunos de mis amigos la leería. Pasé tanto tiempo escribiéndola que finalmente me levantaría de mi escritorio para dedicarme a algo más. Mientras escribía, hubo ocasiones en que me decía: "Esto suena bastante bien" y lo ponía a un lado de mí para mantener alta la moral y poder seguir. Si hubiera sido considerado como un libro suficientemente decente, ello me habría dejado satisfecho. Pero haber sido tan bien aceptado es muy importante, si hubiera pasado inadvertido me habría molestado mucho. Como no hay forma de llamar la atención sin críticas, las que he recibido, aunque tortuosas temporalmente, han sido importantes para mí.

HRP: Así que cuando recién se publicó el libro pensó que se dedicaría a algún otro tema.

JR: Sí, había pensado trabajar en otros temas relacionados con la tercera parte del libro —la que a mí me gustaba más—, la parte sobre psicología moral. No sería un tema precisamente nuevo, sino relacionado. Nunca volví a ese tema y no lo haré. Pensé, por la forma en que se dieron las cosas, que sería mejor dedicarme a desarrollar la justicia como equidad [*fairness*] de forma más convincente y a responder a los críticos para solventar las objeciones. No estoy seguro de que haya sido lo mejor, pero es lo que he hecho. Soy monomaniaco, en realidad. Me gusta que algo quede bien hecho. Aunque en filosofía no puede alcanzarse algo así, no verdaderamente. Siempre quedan problemas por afrontar.

HRP: ¿Qué podemos esperar de usted en los próximos años en términos de sus publicaciones y sus clases?

JR: Acabo de cumplir setenta años y esto es algo que debo tener en cuenta. Espero poder terminar pronto mi *Restatement*. Tendrá menos de 200 páginas, más o menos las que ya tengo escritas. No quiero que sea más extenso. Y no habrá sorpresas. Lo que ya he dicho estará allí. También estoy trabajando en unas conferencias que se basan en las que dicté en Columbia en 1980. De mis últimos artículos estoy añadiendo tres más a esas tres, así que también saldrán publicadas. Ambos libros tienen aproximadamente la misma extensión. Después de eso no tengo planes. Llega un momento en que uno debe dejar de escribir y quizás ya lo sea.

HRP: ¿Va a dar clases en Harvard el próximo año?

JR: Sí, voy a dar un curso. Bueno, si la salud me lo permite. Todavía no decido cuál curso, pero muy probablemente será el 171.

HRP: ¿Discutir *Restatement* en clase le ha servido para su desarrollo?

JR: Sí, definitivamente. Empezó como notas para el curso, lo he usado varias veces y cada vez es más extenso. De hecho escribí el libro prácticamente de esa misma manera y había varias versiones ya en 1963. Creo que sólo en Harvard podría haber hecho esto. En clase nunca se han quejado de esta situación y es algo que agradezco mucho.

HRP: ¿Cómo selecciona a los autores —además de usted— que pide a los estudiantes leer para su clase de filosofía política (Philosophy 171)?

JR: Estudiamos cuatro el año pasado. Yo trato de destacar la tradición de pensamiento democrático que ha estado presente en nuestra cultura política por mucho tiempo. Una manera de hacerlo es leer algunos textos históricos importantes de filosofía política. Se estudia cómo una reelaboración actual usa ideas de estos textos de una manera seria. Las ideas se modifican de formas diversas, pero allí están. Esta es una manera de hacer filosofía política. Al leer con cuidado textos de otro tiempo es posible comprender cómo evoluciona una tradición de pensamiento. Claro que también se pueden estudiar autores contemporáneos y quizás esto sea mejor. Pero no es algo que yo haga con frecuencia. Tal vez el próximo año. No sé cómo es que el enfoque histórico que sigo le interesa a los alumnos, pero es una manera de pensar la filosofía. Los cuatro autores que escogí el año pasado (Locke, Rousseau, Mill y Marx) son evidentemente importantes, pero podría trabajar con otros cuatro. Elegí Marx porque hoy en día la tendencia es a no tomarlo en serio y es bueno conocer su pensamiento. Su crítica al capitalismo forma parte importante de la tradición democrática y yo trato de presentarlo de la mejor manera posible. No sé si lo logro o no, pero trato de hacerlo. Trato de abordar a todos muy seriamente. Todos valen la pena ser estudiados.

HRP: ¿Alguna vez le interesó involucrarse en política?

JR: No. Nunca me ha interesado. Bueno, me interesa la política, pero no tener una carrera política. Creo que sería muy malo en eso.

HRP: Parece usted ser demasiado honesto.

JR: No sé si lo sca, porque podría aprender a ser deshonesto. Uno tiene diferentes habilidades. La política no va con mi temperamento.

HRP: Cuando se ocupa de eventos actuales, en general, ¿los aborda desde *Teoría de la justicia* como marco de pensamiento?

JR: En realidad no. Bueno, como cualquier persona reacciono a los eventos y circunstancias actuales de cierta manera. Seguro que mi perspectiva debe condicionar de alguna forma cómo los pienso, pero no me pregunto qué diría la justicia como equidad [*fairness*] al respecto. Eso sería muy limitante. No asumo una concepción política de la justicia como algo que me debe decir qué pensar. Es un gran error pensarla como un esquema que proporciona respuestas, que responderá a todas las cuestiones que uno quiera. Esta es una de las razones por las que yo soy renuente a ofrecer respuestas a temas políticos específicos. Sugiere una idea equivocada: que podríamos tener una teoría para llevar a cabo algo, cuando con frecuencia en absoluto es así. Asumo la justicia como equidad [*fairness*] como un esfuerzo para responder a determinadas cuestiones específicas, pero fundamentales. Su alcance es limitado. En cualquier caso una perspectiva razonable es importante pero no es suficiente en sí misma. El juicio, una opinión informada, la debida consideración, y mucho, mucho más es necesario. Usualmente si un tema me interesa trato de formarme una opinión con base en sus propios méritos. Esa es probablemente la mejor actitud —y después evaluar si la opinión es razonable y qué piensan otras personas—. Salvo casos especiales, no me preguntaría si la opinión es congruente con *Teoría de la justicia*. Además, sería incorrecto aplicar siempre los principios propios. Es necesario examinar las cosas más allá de ellos, de otra forma uno corre el riesgo de volverse un ideólogo. Quienes opinan de todo desde lo que llaman sus principios no son de fiar.

HRP: ¿Qué opina sobre la controversia que se ha dado en el campus con relación a la bandera confederada que colocaron en la ventana de un dormitorio?

JR: No creo tener una opinión útil al respecto. No estoy enterado de los detalles. Pero sería muy ofensivo para los estudiantes negros. La secesión sureña que dio lugar a la Guerra Civil fue totalmente injustificada. Injustificada porque la secesión era para preservar la esclavitud. Bajo ciertas circunstancias puede justificarse una secesión, pero tiene que proclamarse por una causa razonable. Preservar la esclavitud no es para nada una causa semejante. Este es el hecho que domina la imagen. También debemos preguntarnos qué tipo de símbolos es apropiado que los estudiantes desplieguen. Yo alentaría a los estudiantes sureños a encontrar algún otro símbolo de su cultura. Porque cualquiera que sea su explicación el significado de la bandera confederada ha quedado ya establecido en nuestra historia por la secesión para preservar la esclavitud, y ello apenas en el siglo pasado, una secesión además de la primera democracia en el mundo. Es imposible hoy en día darle otro significado a la bandera.

HRP: Si usted fuera funcionario de la Universidad, ¿respaldaría la posición del presidente Bok ("Yo no lo apruebo, pero no voy a obligar a nadie a quitarla de allí") o pensaría que un estudiante que ha sido ofensivo debería ser obligado a comportarse?

JR: No me he detenido a pensar en el punto de vista del Presidente. Cabría distinguir entre la libre discusión de ideas, lo que es particularmente importante en la Universidad, y formas de comportamiento que podrían resultar ofensivas a otros estudiantes y entonces sancionarlas de algún modo. Pero supongamos que desplegar la bandera es una forma de comportamiento verbal, o de discurso, entonces habría que decidir cuándo formas de comportamiento son discursos legítimos, dónde trazar el límite. Y eso es muy difícil. Creo que yo trataría de persuadir a los estudiantes sureños a hacerse de otro símbolo. En una comunidad estudiantil, ella misma considerada una pequeña sociedad democrática, existen formas de discurso que, por razones históricas o de otro tipo, resultan ofensivas, degradantes u hostiles a ciertos grupos, y entonces por decencia y civilidad mutua no deberían emplearse. Considerando todos los factores involucrados, probablemente yo hubiera hecho lo mismo que Bok. Aunque debiera haber un código tácito de conducta decente y civilizada entre los estudiantes, uno esperaría que fuera afirmado por los propios estudiantes, sin necesidad de sanciones administrativas. Uno espera que se tenga una idea compartida de lo que es apropiado a los legítimos sentimientos de otras personas.

HRP: ¿Qué le diría usted a un estudiante de 1991 que estuviera interesado en la filosofía? ¿Le aconsejaría elegirla como carrera?

JR: Raramente, si es que alguna vez lo he hecho, animo a las personas a estudiar filosofía. Les señalo los inconvenientes. Si tu deseo es muy fuerte, eso es importante. De otra forma no deberías dedicarte a la filosofía porque tiene sus penurias y sus pruebas, y a la gran mayoría de quienes serían buenos en filosofía les iría mejor —al menos de acuerdo con los estándares sociales— haciendo alguna otra cosa. Las verdaderas recompensas en la filosofía son personales y privadas y esto debe tenerse presente. Creo que la filosofía es una materia muy especial, particularmente en nuestra sociedad que presta poca atención a la filosofía más seria, incluso a la que ha sido muy bien desarrollada. Pero no me estoy quejando, quizás es bueno que sea así.

HRP: ¿Por qué hacer filosofía?

JR: En toda sociedad civilizada debería haber personas pensando estos temas. No es únicamente que este tipo de indagación sea buena en sí misma. Una sociedad en la que nadie piense seriamente en cuestiones de metafísica y epistemología, filosofía moral y política, es una sociedad con una gran deficiencia. Parte de ser civilizado es ser consciente de estas cuestiones y de sus posibles respuestas. Ellas determinan cómo asumes tu lugar en el mundo, y parte de lo que hace la filosofía —si lo hace bien— es acuñar respuestas razonables a estas cuestiones de forma accesible a las personas reflexivas en general, así que forma parte de la cultura misma. Sucede lo mismo con el arte y la música —si eres un buen compositor, o un buen pintor, contribuyes a la autocomprensión de las personas—. No me pregunten exactamente cómo.

La filosofía política, en particular, adquiere varias formas. La sociedad con frecuencia pasa por problemas muy profundos que necesitan ser afrontados con seriedad. En una sociedad democrática siempre hay conflictos entre la libertad y la igualdad. Todavía más, es un problema no resuelto —creo— cuáles son las bases adecuadas para la tolerancia y el pluralismo que caracteriza a nuestra sociedad. Es fundamental que tengamos ideas sobre estos asuntos. Es importante también tener una concepción de conjunto de la sociedad en que se vive. Creo que las personas, o al menos buena parte de ellas, tienen necesidad de tales concepciones y ello marca una diferencia al preservar las instituciones democráticas tal y como son. La filosofía política puede enfrentar esa necesidad.

Queremos tanto a Rawls[1]

*Roberto Gargarella**

Conocí la obra de John Rawls a comienzos de los años ochenta. Llegué a él a partir de los abultados manojos de fotocopias que traía Carlos Nino en su valija, luego de cada viaje a la Universidad de Yale, donde regularmente enseñaba. Ansiosos, esperábamos esos paquetes con copias de artículos y libros, como quien espera la llegada de maná del cielo. Desde entonces, formo parte de la legión de lectores de Rawls que admiran su obra pero que, además, sienten enorme cariño por el personaje. El hechizo, después de cuatro décadas, no terminó. Como tantos, me sigo sonriendo por dentro cuando lo recuerdo.

Muchas veces, en estos años, me encontré sin embargo con colegas que me preguntaban, inquietos, qué podía fascinarme de Rawls, qué era lo atractivo que hallaba en su *Teoría de la justicia*, o cuál era realmente su aporte a la disciplina. En una versión más molesta de ese interrogatorio —una versión más propia de un nacionalismo bobo siempre listo por estas tierras— me enfrenté también con el cuestionamiento referido a por qué un académico *latinoamericano* podía interesarse por los trabajos de ese investigador *norteamericano*. Finalmente

---

[1] Bajo el título de "John Rawls, un siglo del pensador que soñó con la posibilidad de una sociedad justa", este trabajo fue originalmente publicado el 25 de marzo de 2021 en la *Revista Ñ* de *El Clarín*. Se reproduce aquí con autorización del autor.
* Universidad de Buenos Aires.

—me decían— se trataba de un profesor bien establecido, que enseñaba filosofía en Harvard, que pocas veces habló de política, que casi nunca dio entrevistas (son muy pocas las fotos que se conocen de él), y que raramente se animó a salir de la "torre de marfil" desde donde escribía. Aquí en América Latina —me decían— las realidades son otras, muy distintas de aquellas que rodeaban a Rawls. ¿Qué podía enseñarnos él, que podía tener para decirnos a nosotros, ese *gringo* alto, flacucho, tímido, que por los nervios solía tartamudear en clase?

¿Por qué lo queremos?

En estos días, cuando se cumplen los cien años de su nacimiento, me propuse hacer una lista —mi propia lista— de razones que buscan dar respuesta a aquellas preguntas incómodas, y dan cuenta del porqué del cariño enorme que uno, como tantos, siente hacia Rawls. Se trata de razones vinculadas con sus virtudes personales, con sus cualidades como académico, y con la precisión, originalidad y radicalidad de su teoría —rasgos, todos estos, apreciables desde cualquier geografía y contexto histórico—. Enumero tales motivos, desordenadamente.

La vuelta de la filosofía a las "grandes preguntas". Ante todo, muchos reivindicamos a Rawls —considerado por muchos como el más importante filósofo político del siglo XX— por el modo en que él volvió a conectar a la filosofía con las "grandes preguntas" sobre la justicia, la igualdad y la libertad. Durante décadas —y, hasta la publicación de su primer gran libro, *Teoría de la justicia*— la filosofía se había alejado de tales cuestiones, como si se tratara de vaguedades o meras especulaciones, indignas de la reflexión académica. Como escribiera Martha Nussbaum a la muerte de Rawls, fue a partir de la edición de dicha obra (*Teoría de la justicia*) que la disciplina abandonó el confinamiento al que la había sometido el "positivismo lógico". Hasta entonces —nos dice Nussbaum— la filosofía aparecía encerrada en "la investigación empírica y el análisis conceptual". Basta leer la primera página de la *Teoría de la justicia* para advertir que uno se enfrenta con algo diferente, potente y nuevo. Sostuvo allí Rawls, célebremente —y marcando el tono de toda la obra—, "la justicia es la primera virtud de las instituciones sociales, como la verdad lo es de los sistemas de pensamiento".

Toda una vida trabajando sobre la misma idea: una teoría de la justicia para la democracia. Admiramos a Rawls, también, por haberse convertido en el gran ejemplo del "artesano de la filosofía política": el pensador que, cual escultor, dedicó toda su vida a golpear sobre la misma piedra. A diferencia de muchos de sus pares, que escribieron sobre "todos los temas", o que afirmaron ciertas ideas para salir de inmediato en busca de otras, Rawls trabajó toda su vida sobre la misma idea —la justicia como equidad— y a partir del mismo objetivo: construir una teoría de la justicia apropiada para nuestras sociedades democráticas. La persistencia y obstinación de Rawls en esa línea de trabajo resulta absolutamente excepcional. Conocemos pocos autores que muestren ambas virtudes: la de la consistencia —el trabajar toda la vida sobre una misma línea de pensamiento— y la de la paciencia —tomarse tanto tiempo para moldear y volver a moldear sus ideas, hasta considerar que están en condiciones de ser expuestas en público—. Vale la pena tomar nota de estos datos: Rawls nace en 1921, publica su primer artículo en 1951, el segundo en 1955, su primer libro recién a los cincuenta años, en 1971, y el segundo —*Liberalismo político*— veinte años después de *Teoría de la justicia*, en 1991.

Leer a los demás autores "a su mejor luz". Una de las principales lecciones que, en lo personal, tomé de Rawls, tiene que ver con una de las dos grandes "claves de lectura" que él ofreció a sus estudiantes como consejo (así, al comienzo de su *Lectures on the history of political philosophy,*[2] un libro que sus estudiantes editaron con los apuntes que Rawls escribiera para sus clases de filosofía política). El primer consejo que les sugirió fue este (un consejo que él confiesa tomar de la crítica de John Stuart Mill a Alfred Sedgwick): 'Una doctrina no es juzgada de ningún modo hasta que no es juzgada en su mejor forma'[3]. Honrando dicho criterio, Rawls, en sus clases (como en el citado libro, dedicado a revisar el pensamiento de grandes autores de la filosofía política como Hobbes, Locke, Hume, Rousseau, Mill y Marx), se propuso presentar a cada autor 'en su versión más fuerte'. Resulta conmovedor advertir, por ejemplo, el respeto y buen trato intelectual que dispensa a un autor como Marx, a quien muchos —dado el liberalismo rawlsiano— quisieron contraponerlo. Dice Rawls, al comienzo de su capítulo sobre Marx, que se trata de un pensador cuyos logros como crítico del capitalismo resultan —dadas las circunstancias en las que escribió— 'extraordinarios', más bien 'heroicos'.[4]

Tomar a los autores que uno critica como tanto o más capaces que uno. La otra gran "clave de lectura" que ofrece Rawls, en su libro del 2007 (muy vinculada con la anterior), es la de partir del supuesto de que los autores que uno lee, y a

---

[2] Obra publicada por Harvard University Press en 2007.
[3] *Ibid.*, p. xiii.
[4] *Ibid.*, p. 319.

quienes pretende objetar, son tanto o más inteligentes que uno mismo. Por tanto, en lugar de apresurarse por señalar en qué y cuánto es que ellos se equivocan, Rawls propone leerlos mejor, y buscar dónde es que tales autores responden a la objeción que uno querría presentarles. En palabras de Rawls: 'si veo un error en sus argumentos, supongo que ellos también lo vieron y deben haber lidiado con el mismo'.[5] La pregunta es, entonces, dónde lo hicieron (dónde respondieron a las objeciones que uno querría formularles), y por tanto la tarea que sigue es la de salir a buscar tal respuesta. Esta generosa actitud de Rawls, frente a aquellos pensadores a quienes quiere examinar críticamente, puede reconocerse también en el tiempo y esfuerzo que Rawls dedicara a responder a quienes criticaron sus propios textos; y en los cambios que supo introducir en su teoría, a los fines de acomodar las críticas recibidas (en particular, destacan el modo en que Rawls modificó su "teoría" original, para receptar algunas críticas feministas, relativas al papel de la mujer dentro de la idea de "familia" que él presentaba; o su aceptación de cierta crítica "comunitarista" relacionada con la necesidad de dejar de lado los aspectos más "metafísicos" de su teoría, tanto como su implícita defensa de una "concepción del bien" particular: el liberalismo).

Un hombre modesto. Los rawlsianos nos solazamos habitualmente recordando las leyendas que giran en torno a su proverbial modestia. Una historia sobre la que vuelvo habitualmente, para graficar el carácter humilde de nuestro querido Rawls, es la que contara su colega Michael Sandel, quien dedicara un importante libro[6] para criticar duramente la obra de

---

[5] *Ibid.*, xiv.

[6] *Liberalism and the limits of justice*, Cambridge University Press, 1982.

Rawls. Sandel cuenta la llamada telefónica que recibiera de parte de Rawls, al llegar por primera vez a Harvard, como joven profesor. Dice que escuchó entonces, desde el otro lado del teléfono, a alguien que lo invitaba a comer, aclarándole: 'Este es John Rawls, R-A-W-L-S'. Sostuvo Sandel al respecto: 'Fue como si Dios mismo me hubiera llamado para invitarme a almorzar y hubiera deletreado su nombre en caso de que no supiera quién era'.

La desgracia y la suerte. Rawls sufrió, en su juventud, una doble y trágica desgracia: dos de sus hermanos fallecieron debido a enfermedades que se contagiaron de él y que Rawls tuvo la fortuna de resistir. Tales desgracias parecieron marcar de un modo decisivo la filosofía de Rawls, que incorporaría desde allí un principio fundamental: nadie "merece" su suerte, es decir —en lo que importa— nadie debe resultar (institucionalmente) afectado por cuestiones de las cuales no es responsable.

Hechos "moralmente arbitrarios": la "lotería de la naturaleza". La intuición anterior, referida al papel de la "suerte" en la vida de las personas, quedó formalizada en la teoría de Rawls a partir de una idea fundamental que aparece en ella: una sociedad justa debe asegurar que la vida de cada individuo dependa cada vez más de las elecciones de cada uno, y cada vez menos de circunstancias ajenas al control o la responsabilidad de cada quien. En tal sentido, dice Rawls, la sociedad justa no debe "tomar" y "procesar" como "naturales" lo que son "hechos moralmente arbitrarios". En efecto —agrega— nadie ha hecho nada para nacer en el seno de una familia rica o pobre; para tener tal o cual color de piel; para pertenecer a una determinada raza o género; ser talentoso; etc. Se trata de "hechos moralmente arbitrarios", el mero producto de la "lotería de la naturaleza". La sociedad "justa", por tanto —concluye Rawls—, debe bregar para que las vidas de las personas no dependan de hechos puramente azarosos: cómo es que le fue a cada uno en dicha "lotería natural".

La arbitrariedad de los talentos. Más allá de Marx. Dicho lo anterior, vale la pena detenerse un instante para reflexionar acerca de la radicalidad de aquellas intuiciones rawlsianas sobre la justicia. Recordemos: Rawls nos dice que, en una sociedad justa, nadie debe verse afectado por cuestiones que son ajenas a su responsabilidad, y que incluyen —por caso— no sólo la clase social o etnia, dentro de la cual cada uno nació, sino también los talentos con que uno vino dotado al mundo. Se trata de una idea potentísima, que conviene contrastar con la muy igualitaria concepción marxista sobre el trabajo y la plusvalía. Ocurre que, para Marx, cada persona es dueña de su cuerpo, y por tanto también, "propietaria" de su trabajo: de allí la "apropiación indebida" que hace el capitalista de la plusvalía; de allí el "robo" capitalista del que hablaba Marx. La teoría de la justicia de Rawls objeta dicho criterio de un modo muy radical: los talentos con los que uno nace —llegó a decir Rawls, en uno de sus párrafos más radicales— no son "propiedad" de cada uno; no son merecidos por nadie, y —por tanto— deben verse como formando parte de un "acervo común" del que todos deben poder beneficiarse. A muchos rawlsianos nos maravilla, todavía hoy, la agudeza y radicalidad de este pensamiento.

Toda desigualdad es inaceptable, salvo que beneficie a los más desaventajados: el deber de mirar el mundo desde el punto de vista de los que están peor. La contracara del (negativo) principio anterior ("nadie merece beneficiarse por hechos moralmente arbitrarios") nos refiere al núcleo duro (positivo) del igualitarismo rawlsiano. Para Rawls (y esto es lo que se deriva de su conocido "Principio de diferencia"), todos los bienes deben ser distribuidos de modo igual, a menos que una distribución desigual de los mismos beneficie a todos y, de manera prioritaria, a los más desaventajados. Es decir, la desigualdad, en última instancia, sólo se justifica como forma de mejorar la condición de los que están peor. Como nota de color, cabe agregar que dicho principio igualitario derivado de la *Teoría de la justicia* encontró habitual expresión en la política cotidiana. En la Argentina, por ejemplo, el presidente Raúl Alfonsín (quien, también fascinado por, e inspirado por Rawls, escribiera un libro con sus propias reflexiones sobre la filosofía política) acostumbraba a citar en sus discursos al profesor de Boston, para hablar del deber moral de "mirar al mundo desde el punto de vista de los más desaventajados".

La "posición original" y el "velo de la ignorancia". La famosa "posición original" descrita por Rawls en su *Teoría de la justicia* —tanto como su correlativo "velo de la ignorancia"— constituyeron el eje central en torno al cual giró toda su visión sobre la justicia, al menos en aquella primera versión, que fue la más célebre. Lo que viene a hacer aquella "posición original" es a "teatralizar" los principios igualitarios de Kant ("obrar conforme a una máxima que pueda convertirse en ley universal"; "no tomar a nadie como mero medio"). La propuesta —expresada de modo muy resumido— es que para definir cuáles podrían ser considerados arreglos institucionales justos, o para evaluar la justicia de arreglos ya existentes, uno debería pensar en un escenario hipotético y preguntarse: ¿hubiera elegido tales arreglos en una situación de "posición original" (esto es, una situación previa a la propia existencia de dicho arreglo) y en ignorancia de los datos básicos de mi propia biografía (a esto es lo que Rawls llama una situación de "velo de la ignorancia": uno ignora si pertenece a la clase alta, medio o baja; si es mujer o varón; si es más o menos talentoso)? Por ejemplo, imaginemos que ignoramos si somos blancos o negros. Podemos preguntarnos ahora: ¿hubiéramos aprobado, en esta condición de incerteza sobre la propia raza, las leyes de segregación racial, o las hubiéramos considerado inaceptablemente injustas? O, también, imaginemos que ignoramos si hemos nacido en el contexto de una familia rica o pobre. Desconociendo tales datos: ¿aprobaríamos un esquema de financiación educativo que permite que los barrios más ricos tengan las escuelas mejor dotadas, y los barrios más pobres las peores escuelas? (un caso así se discutió, por ejemplo, en el famoso fallo *San Antonio vs. Rodríguez,* en donde la Corte Suprema norteamericana terminó sosteniendo —contra Rawls— que dicha desigualitaria distribución de los recursos educativos no era contraria a la idea constitucional de la igualdad). Aplaudimos la teoría de Rawls, por los modos precisos y profundos en que nos ayuda a someter a crítica las prácticas desigualitarias e injustas que nos rodean.

Combinar las ideas de libertad y de igualdad. Rawls nos enseñó, como pocos, a combinar nuestras intuiciones a favor de la libertad y de la igualdad. Los "dos principios de justicia" que él deriva de la "posición original" (los que cree que serían escogidos por personas así situadas, y cubiertas por el descrito "velo de la ignorancia"), vienen a honrar simultáneamente los ideales de igualdad y libertad. Tales principios sugieren, por un lado, una defensa igual (e innegociable) de libertades básicas comunes a todos (libertad de expresión, libertad de crítica, etc.); y, por otro lado, una defensa estricta de la igualdad, en materia de distribución de recursos, sólo condicionada a que no haya una desigualdad que sirva para mejorar prioritariamente la suerte de los más desaventajados. Por ejemplo, una sociedad justa podría estar justificada en beneficiar con un premio o incentivo especial a un médico capaz de hacer avanzar decisivamente la cura contra el cáncer, si ese investigador dudase acerca de si dedicar su tiempo libre al ocio o a la investigación médica. (Ha habido largas discusiones, de todos modos —por ejemplo, entre Rawls y el marxista Gerald Cohen— acerca de qué tipo de incentivos podría ofrecer, justificadamente, una sociedad justa, sin aceptar el "chantaje" de los más beneficiados, ni romper con su compromiso con la igualdad. Dicha discusión puede encontrarse, por ejemplo, en el libro de Cohen *Rescuing justice and equality*, Harvard University Press, 2008). El "primer principio de la teoría de la justicia", relacionado con la libertad, viene a proteger entonces la posibilidad de que cada persona desarrolle su vida (su moral privada) del modo en que ella misma lo decida; mientras que el "segundo principio", relacionado especialmente con la igualdad, viene a asegurar a todos (y en especial a los más desfavorecidos) iguales condiciones materiales para llevar adelante sus diferentes planes de vida.

Un modo "limpio" en que pensar la igualdad. Agradecemos a Rawls, también, el que nos haya ayudado a pensar más adecuada y "limpiamente" la idea de igualdad. Tratar a las personas "como iguales" —nos dijo Rawls— no es lo mismo que tratarlos "igual" (mujeres y varones merecen distinto trato, por ejemplo, en atención a los cuidados especiales que se debe a las mujeres durante el tiempo de embarazo). Tratar a las personas como iguales —agregó— tampoco es lo mismo que asegurarles (meramente) una "igualdad de oportunidades". Muchas teorías —contra Rawls— parecen asumir que, para tratar a las personas realmente como iguales, lo que debe hacerse es "poner a todos en la misma línea de largada" (*starting gate theories*), o "remover los obstáculos" que aparezcan en el camino de cada uno. Para Rawls no: esas personas en el mismo punto de largada, y sin obstáculos por delante, ya cargan sobre sus espaldas con cantidad de desventajas y privilegios inmerecidos. El hecho es que nadie merece empezar su vida con "talentos" de los que no es responsable, ni merece vincularse con otros teniendo que sobreponerse a los años de mala educación que ha padecido en pobres escuelas; o con dificultades provenientes de la peor atención de salud que ha recibido. El deber de igualdad requiere de una sociedad permanentemente trabajando contra el legado de desigualdades inmerecidas con que cada persona llega al mundo.

El liberalismo de Rawls y la "neutralidad" estatal. Somos muchos los que valoramos, especialmente, y dentro de la teoría de Rawls, aquello que constituyó la "viga maestra" de su *liberalismo* (igualitario), esto es, su defensa de un "Estado neutral". Debe aclararse que el "Estado neutral" es aquel que no toma partido por ninguna concepción del bien particular. Esto es decir: al tomar una decisión sobre cuestiones de moral personal, el Estado debe "poner entre paréntesis" —como diría Rawls— el hecho de que ciertas visiones morales sean compartidas por la mayoría, o sean preferidas por los principales cargos del gobierno. La aclaración es pertinente frente a críticas tan habituales como poco interesantes, que vienen a decirnos que una "neutralidad" como la que propone Rawls al Estado "es imposible", o que dicho "poner entre paréntesis las concepciones del bien" que sugiere Rawls (y, en general, el liberalismo) nos hablan de una teoría "temerosa frente al conflicto" —nos hablan de una visión que, por su obstinada defensa del consenso y el acuerdo, se olvida de que la política es el campo de lo "agonal"—. Recuerdo, alguna vez, haber defendido a Rawls al respecto, en un encendido debate que tuviera con una de sus principales críticas en el área, Chantal Mouffe. Mouffe sostuvo en aquel debate —como lo haría tantas otras veces, por escrito— que Rawls (tanto como su otra "bestia negra", Habermas) "busca el consenso a través de procesos deliberativos y argumentos racionales", mientras que —contra el liberalismo— ella consideraba que la política tenía que ver con el "conflicto", y que la democracia consistía en "dar la posibilidad a los distintos puntos de vista para que se expresen, disientan". En aquella oportunidad, frente a Mouffe, sostuve entonces lo obvio. Primero, que consideraciones tales ("la democracia debe dar posibilidad al disenso") representan la lección más básica y elemental de teorías como la de Rawls o Habermas (Rawls-Habermas, bolilla 1), que toman como punto de partida el desacuerdo (en lugar de aplaudir frente al mismo); y, a partir de allí, articulan una teoría política que parte de la protección de las visiones más extremas y críticas (de ahí la defensa que hiciera Rawls, por caso, de la objeción de conciencia, la desobediencia civil, y aun de las acciones de resistencia). En segundo lugar, sostuve entonces que lo propuesto por Rawls en materia de neutralidad no implicaba un (insólito, inconcebible) rechazo al conflicto, sino una radical toma de partido por los más débiles y por los perseguidos. Lo que Rawls procura decir —sostuve entonces— es que, por ejemplo, cuando el Estado (pongamos, un juez) va a decidir sobre un caso relacionado con la homosexualidad de alguien, o con su religión, ese Estado no debe "ponerse la camiseta" de una visión comprehensiva del bien para decir, por ejemplo: "acá, la mayoría somos católicos" o "nuestra religión rechaza su opción sexual". Lo que debe hacer el Estado, por el contrario, es dar un paso atrás, atarse las manos frente a las creencias que más valora, asumir una posición neutral, y asegurar respeto a quienes participan de visiones morales rechazadas por la mayoría. En países como los nuestros (latinoamericanos) atravesados, desde la independencia hasta hoy, por políticas de persecución a los no-católicos, censura al disidente, o rechazo a los homosexuales (a través, por ejemplo, de leyes que les privan de los derechos que se les reconocen a los demás grupos), debería poder entenderse el significado real de esa convencida defensa de la neutralidad: no se trata de un absurdo "temor al conflicto", sino de una toma de partido, activa y valiente, por los derechos de los oprimidos.

"Democracia de propietarios" o "socialismo de mercado." Según vimos, una de las expresiones más salientes del *liberalismo* (igualitario) rawlsiano, se vinculaba con su defensa de la neutralidad estatal. Aquí, concentraré mi atención en una de las manifestaciones más importantes del *igualitarismo* (liberal) propuesto por Rawls: las recomendaciones económicas que infiere de su teoría de la justicia, que —para muchos de nosotros— le otorgan a la misma un atractivo extraordinario, a pesar del relativo silencio que se ha generado en torno a dichos temas. En efecto, en las secciones 41 y 42 de su primer libro, y de modo para muchos inadvertido, Rawls se posiciona en favor

de dos (y sólo dos) modelos económicos posibles, a los que considera capaces de expresar de un modo apropiado sus principios de justicia: i) la "democracia de propietarios" y ii) el "socialismo de mercado". La referencia es muy importante porque, muchas veces (malintencionadamente, agregaría), se ha querido presentar a la teoría de Rawls como un intento de justificar el *status quo* norteamericano —en todo caso, un *status quo* salpimentado con algunos impuestos progresivos, al "estilo europeo"—. Nada más lejos de ello, en verdad: la *Teoría de la justicia* sólo se mostraba compatible, según Rawls, con arreglos económicos en extremo igualitarios. Tanto es así que Rawls dedicó todo un libro, su *Justice as fairness. A restatement*,[7] a responder a sus críticos en general, y a dicha objeción (la que veía a su obra como una defensa del estado de cosas vigente en los Estados Unidos) en particular. Este es, por ejemplo, el modo en que en *Justice as fairness* Rawls distinguió su propuesta de "democracia de propietarios" de la (aún) socialdemocracia europea, o lo que se ha dado en llamar un "capitalismo de estado de bienestar". Dijo Rawls:

'Una diferencia mayor es la siguiente: las instituciones que están en el trasfondo de una democracia de propietarios (*background institutions*) trabajan para dispersar la propiedad de la riqueza y del capital, y así impedir que una porción pequeña de la sociedad termine por controlar la economía e, indirectamente, también la vida política. Por el contrario, en el capitalismo de Estado de bienestar se permite que una pequeña clase tenga casi el monopolio de los medios de producción'.[8]

---

[7] Cambridge University Press, 2001.
[8] *Ibid.*, p. 139.

Y aclaró también Rawls: los "menos aventajados" no deben verse como 'objetos de nuestra caridad y compasión, mucho menos de nuestra lástima, sino como aquellos a quienes les debemos reciprocidad como cuestión de justicia política'.[9] Los rawlsianos celebramos esa cuidadosa, elegante y comprometida toma de partido por la suerte de los que están peor.

La guerra y el abandono de la religión. Resulta conmovedor leer a Rawls en una de sus pocas piezas autobiográficas: "Sobre mi religión" (un breve texto que aparecería publicado en un libro que editara su amigo Thomas Nagel, en el 2009: *A brief inquiry into the meaning of sin and faith*, Harvard University Press). En dicho texto, Rawls dio cuenta de las razones que lo llevaron a abandonar por completo su fe religiosa. Rawls (quien había pensado estudiar para el sacerdocio) era un cristiano episcopal ortodoxo cuando participó, con el ejército norteamericano, en la Guerra del Pacífico. Rawls llegaría por entonces a adquirir el grado de Sargento, del que luego sería degradado a soldado raso, en Japón, por negarse a seguir las órdenes de un superior (órdenes que le obligaban a castigar a un soldado que había insultado al encumbrado militar). Serían otros hechos, sin embargo, los que lo llevarían a alejarse, también, de la religión. El más decisivo fue el siguiente: la presencia de un pastor luterano, frente al regimiento, y el sermón que pronunciara anunciando que 'Dios guía las balas que disparamos contra los japoneses'. Rawls confiesa en su escrito haberse enojado muchísimo con dicho sermón, y —a continuación del mismo— haber ido a reprochar por su discurso al religioso (quien también era teniente primero): 'Usted no tiene

---

[9] *Idem.* Ver también Martin O'Neill & Ted Williamson (eds.), *Property-owning democracy. Rawls and beyond,* Wiley-Blackwell, Oxford, 2012.

derecho' —le dijo Rawls— 'a afirmar falsedades semejantes'.[10]

Justicia política y una "utopía realista". Rawls se adentró muy pocas veces en el análisis de temas políticos candentes. Él prefirió siempre concentrarse en su trabajo más abstracto, como vimos, cooperar en la construcción de una teoría de la justicia para la democracia. Por ello mismo, concedió muy pocas entrevistas y tendió a hablar muy poco sobre la coyuntura política de su país y del mundo. En tal sentido, Rawls pudo ser descrito como "un filósofo en su torre de marfil". Sin embargo, lo cierto es que, en los hechos, y sin mayor esfuerzo, todo el trabajo académico de Rawls puede ser releído como conformando una obra "eminentemente política" destinada a hablar sobre los grandes dramas de su tiempo, y a pensar en soluciones frente a ellos. Desde ya, todo su primer gran libro —*Teoría de la justicia* — puede leerse como un gran alegato en favor de los derechos civiles (cuestionados entonces por las políticas de la guerra y la persecución de los afroamericanos), y un modo de resistir a las políticas utilitaristas propias de ese momento belicista, en donde desde el gobierno se alentaba al sacrificio (humano) de miles de vidas, en nombre de un impreciso "interés nacional". No es por azar que la obra incluya artículos que hoy siguen siendo de referencia obligada, en defensa de la "objeción de conciencia" y la "desobediencia civil". Dichos textos, debe recordarse, fueron escritos en el contexto de la Guerra de Vietnam, y como respuesta a un clima pro-bélico y agresivo contra los jóvenes pacifistas (a los que

---

[10] Tomo estos datos del libro de Thomas Pogge, *John Rawls. His life and theory of justice* (Oxford University Press, 2007).

apoyó desde su Universidad). De manera similar, el segundo gran libro de Rawls —*Liberalismo político*— puede leerse como respuesta frente al otro gran drama que él identificó como distintivo en su vida madura: la intolerancia religiosa y la disposición de algunos grupos a imponerle al resto de la sociedad su propia concepción del bien.[11] Rawls abogó, en este sentido, por la adopción de un "acuerdo superpuesto" (un *overlapping consensus*) entre diferentes concepciones del bien: una estrategia como la que adoptara en su momento la "Primera Enmienda" de la Constitución norteamericana. De lo que se trataba era de lo siguiente: definir puntos comunes de acuerdo (un "mínimo común denominador") entre grupos que piensan diametralmente diferente (en dicho caso, en materia religiosa), de forma tal de permitir que todos suscriban esas reglas básicas convencidamente, desde su propia perspectiva. En el caso de la "Primera Enmienda", ese punto de acuerdo fue el principio que decía que ningún grupo, llegado al poder, impondría o establecería sobre el resto, sus propias creencias. Se trataba de un acuerdo "moral" —basado en las convicciones de todos— y no

---

[11] Más allá de estas cuestiones fundamentales (que definieron los contenidos esenciales de sus dos grandes libros) podría mencionar muchos otros planteos, más específicos si se quiere, también distintivos de sus escritos a lo largo de toda su vida: su crítica a las acciones militares norteamericanas (como en el caso del bombardeo de Hiroshima, contra el que escribió un agudo artículo); su participación en el famosísimo "amicus de los filósofos" (que firmara junto con los célebres Ronald Dworkin, Thomas Scanlon, Judith Jarvis Thomson y Robert Nozick) en defensa de la eutanasia; su continuo trabajo en favor del poder de cada uno de decidir cómo vivir su vida (por ejemplo, en términos de vida sexual, y concepciones del bien en general) y su propuesta de una organización económica igualitaria. Entre otras medidas, Rawls criticó siempre a la democracia norteamericana por permitir la influencia del "dinero" en política, favoreciendo de este modo que el mayor poder económico se traduzca en mayor poder político.

un mero *modus vivendi* —un acuerdo que todos aceptaban a disgusto, o por simple conveniencia, o como única alternativa posible antes de eliminarse mutuamente—. Como confesaría en uno de sus últimos trabajos importantes, a Rawls le interesó, durante toda su vida, dar forma a "una utopía realista".[12]

Una figura radicalmente principista. Todos los rawlsianos simpatizamos con Rawls por su inconmovible principismo, y nos contamos historias que dan cuenta de sus notables virtudes personales. Mi historia favorita es la siguiente: una noche, a la llegada de Rawls, su esposa Mardy le comentó que, sabiendo de su poco apego a los honores y celebraciones, ella había rechazado —en su nombre y sin consultarle previamente— el Premio de Kyoto, ofrecido en Japón, y dotado de medio millón de dólares. Rawls titubeó algún instante, frente a la decisión de su mujer, pero inmediata y enfáticamente reafirmó lo decidido por su esposa, cuando conoció los requerimientos del premio: a cambio de recibir el premio, él no sólo debía dar una conferencia…, sino también participar en una cena junto con el Emperador de Japón, algo a lo que no estaba dispuesto. Rawls se oponía profundamente a la realeza, y a la corrupción que asociaba con esa clase de privilegios, así que le agradeció a su esposa por haber rechazado, en su nombre y de modo inconsulto, ese deshonroso premio. Conociendo estos antecedentes: ¡Cómo no admirar a Rawls como teórico! ¡Cómo no rendirse ante él, llenos de respeto y afecto!

---

[12] En *The law of peoples*, Cambridge University Press, 1999.

II.

En torno a Teoría de la justicia

1. ¿Qué balance hace usted del impacto que *Teoría de la justicia* ha tenido en el desarrollo de la filosofía moral y política de nuestro tiempo?

2. ¿Qué evaluación hace usted de los dos principios de la justicia, con la prioridad de las libertades, como contenido central de una sociedad bien ordenada?

3. Más allá de Rawls, ¿qué otros temas y problemas considera usted que tendría que abordar una teoría de la justicia para las sociedades actuales?

Libertad e igualdad

*Paulette Dieterlen Struck**

1. La *Teoría de la justicia* (*A theory of justice*) escrita por John Rawls y publicada en 1971 por Harvard University Press[1] sigue impactando tanto a la filosofía moral como a la política. De esto dio fe Robert Nozick cuando, en su libro *Anarquía, estado y utopía*,[2] expresó que hacer filosofía política después de la publicación del libro de John Rawls tenía que partir de ella y si no lo hacía tenía que explicar por qué. Thomas Nagel,[3] por su parte, dedicó su libro *La posibilidad del altruismo* al autor de *Teoría de la justicia* comentando que Rawls "cambió el tema", veremos porqué.

Desde el siglo XIX venían desarrollándose dos teorías políticas principales: por una parte, el pensamiento liberal, heredero del pensamiento de Adam Smith en su libro *La riqueza de las naciones*[4] y del libro *Liberalismo* de John Stuart Mill.[5] Para esta corriente, el valor que hay que defender bajo cualquier forma de gobierno es el de la libertad individual,

---

* Instituto de Investigaciones Filosóficas de la Universidad Nacional Autónoma de México.

[1] Todas las explicaciones contenidas en las respuestas se encuentran en la primera parte de la *Teoría de la justicia,* en la parte que se denomina "Teoría".

[2] Robert Nozick, *Anarchy, state and utopia,* Basil Blackwell, Oxford, 1980, Prefacio.

[3] Thomas Nagel, *The possibility of altruism*, Princeton University Press, Princeton, 1978.

[4] Adam Smith, *La riqueza de las naciones*, Alianza Editorial, México, 2007.

[5] John Stuart Mill, *Sobre la libertad*, Editorial Diana, México, 1965.

social, política y económica. La igualdad se lograría gracias a la "mano invisible" que se encargaría de que las personas, haciendo las cosas por su propio interés, lograrían mermar el estado de desigualdad.

Por otra parte, el socialismo proveniente del comunismo propuesto por Karl Marx y Friederich Engels influenciaba el pensamiento occidental buscando un principio que se acercara a la igualdad. Es importante destacar que, si bien a Marx le parecía que conceptos como la justicia y la igualdad se encontraban adscritos a un Estado burgués provocado por la propiedad de los capitalistas de los medios de producción, una vez que ellos pertenecieran a la clase proletaria y, por ende, terminara la escasez, las personas recibirían según sus necesidades y participarían en la clase productiva según sus habilidades.[6]

En el siglo XX, cuando estas corrientes se encarnaron en diversos Estados, surgieron sin embargo varios problemas. En cuanto al liberalismo, su versión económica fracasó y, tal y como lo predijo Marx, los capitalistas con su defensa de la libertad económica cavaron su propia fosa. En 1929, la economía de los Estados Unidos de América causó grandes pérdidas dejando al país en ruinas y afectando fuertemente a otros países, tanto de Europa como de América Latina.

De esa crisis surgió el *New Deal*[7] que, siguiendo un modelo propuesto por el economista británico John Maynard Keynes, propuso la intervención del Estado para regular el funcionamiento del mercado. En el país mencionado, las diferentes po-

---

[6] *Cfr*. Karl Marx, *Crítica al Programa de Gotha, Obras completas*, Ediciones Populares, Moscú, s/f.
[7] https:economipedia.com/cultura/new-deal-la salida de la gran depresión/html (Consultado el 29 de julio de 2021).

líticas han fluctuado entre el Estado mínimo y el de bienestar. El Estado mínimo se caracteriza por la defensa de los derechos políticos y civiles, mientras que el de bienestar defiende, también, los derechos económicos y sociales. La filosofía de John Rawls va a surgir, como lo veremos después, como una clara defensa del Estado de bienestar.

En los principales países de Europa, sobre todo después de la Segunda Guerra Mundial, adoptaron lo que hoy conocemos como las democracias sociales. Estas consisten en gobiernos representativos que siguieron, con algunos cambios, los lineamientos señalados por el plan Beveridge,[8] que proponía la ayuda del Estado a los ciudadanos, en particular en cuestión de protección de la situación económica, la salud y la educación, es decir, lo que más tarde se convertirían en los derechos económicos y sociales.

Por otra parte, la tradición socialista que promovía la igualdad basada en las necesidades se encarnó en gobiernos que limitaron las libertades de los ciudadanos y, por lo general, poco a poco se convirtieron en regímenes totalitarios basados en economías centralizadas en las que, a pesar de que proporcionaron educación, salud y cierta seguridad económica, limitaron seriamente la mayoría de las libertades básicas. Algunas de estas son: la libertad de expresión, la religiosa, la de asociación, así como la de movimiento, lo que se reflejó en la dificultad de las personas para salir y entrar a un país.

Sin embargo, los ideales del marxismo, con ciertos cambios, estuvieron presentes y lo están aún en los países europeos y latinoamericanos que luchan contra la libertad de mercado y

---

⁸ https://es.wikipedia.org/wiki/William_Beveridge (Consultado el 29 de junio de 2021).

promueven sistemas de gobierno que tiendan a reducir las desigualdades lacerantes.

Después de este brevísimo paso por las tradiciones en la política y en el valor que se dieron a los ideales de la libertad y la igualdad, volveremos a la tradición del liberalismo tal y como la entiende Rawls. El mérito de su teoría, como lo veremos más adelante, fue incorporar la igualdad en el marco de las libertades básicas.

Nuestro autor se basa en la idea de la justicia que es, según él, la virtud de nuestras instituciones, principalmente las sociales y las económicas. Ahora bien, los principios de la justicia que las personas elegirían estando en la posición original y que sirven de base para diseñar una sociedad bien ordenada son los siguientes:

1. Cada persona tiene derecho al más amplio esquema de libertades básicas compatible con un esquema similar de libertades para todos.

2. Las desigualdades económicas y sociales han de satisfacer dos condiciones: a) tienen que ser para el mayor beneficio de los miembros menos favorecidos de la sociedad, y b) estar adscritas a cargos y posiciones accesibles a todos en condiciones de equitativa igualdad de oportunidades.

Estos principios se aplican a la estructura básica de la sociedad; esto es, al modo en el que las instituciones sociales se ajustan para formar un sistema. Por su parte, las instituciones asignan derechos y deberes fundamentales y su funcionamiento influye en el reparto de los beneficios surgidos gracias a la cooperación social.

Uno de los temas que promovieron una discusión en la filosofía fue el de la cooperación social, es decir, la explicación de por qué las personas prefieren llevar a cabo acciones cooperativas más que egoístas. Rawls, al introducir la noción de cooperación que se encuentra en el contrato social, abrió las puertas a una discusión muy fructífera que incluyó elementos de la teoría de juegos.

Por otro lado, para que sepamos en qué consiste el mayor beneficio para los miembros menos favorecidos de la sociedad, Rawls recurre a la noción de "bienes primarios", y entiende por ellos lo siguiente: son aquellas cosas que se asume todo ser humano racional desea independientemente de que desee otras. Independientemente de cuáles sean los planes racionales de los individuos, se asume que hay varias cosas de las que preferiría tener más que menos. Con mayor cantidad de estos bienes los seres humanos generalmente aseguran un éxito mayor para llevar a cabo sus intenciones y para lograr sus fines, independientemente de cuáles sean estos. Los bienes primarios son: las libertades básicas, establecidas por una lista, por ejemplo, primero, la libertad de pensamiento y de conciencia, libertad de asociación, la definida por la libertad y la integridad de las personas, así como por el imperio de la ley, y finalmente las libertades políticas; segundo, la libertad de movimiento y de elección de ocupación sobre un trasfondo de oportunidades diversas; tercero, los poderes y las prerrogativas de cargos y posiciones de responsabilidad, particularmente los de las principales instituciones políticas y económicas; cuarto, renta y riqueza; quinto, las bases sociales del respeto de sí mismo.

Este es un tema que ha sido discutido cuando hablamos de justicia distributiva. Por ejemplo, Amartya Sen ha sostenido que, en lugar de los bienes primarios, lo que debemos distribuir son las capacidades, Ronald Dworkin piensa que la mejor forma para distribuir son los recursos, Robert Nozick sostiene que son los derechos y los utilitaristas sostienen que hay que distribuir aquello que incrementa la utilidad.[9]

2. Para responder la pregunta necesitamos saber qué es, para Rawls, una sociedad bien ordenada. Esta es una sociedad en marcha, una asociación autosuficiente de seres humanos que controla un territorio, es lo que actualmente llamaríamos un Estado-Nación. Las personas que lo habitan conciben una forma de vida que no sólo ve el pasado sino también el futuro, incluyendo las nuevas generaciones. Están orgullosos de su vida social y cultural y respetan su asociación. Finalmente, una sociedad bien ordenada es un sistema cerrado; no hay relaciones importantes con otras sociedades, y nadie ingresa en ella desde fuera, pues todos han nacido en ella para vivir en ella toda su vida.

La teoría política y moral de Rawls es constructivista, lo que significa que no existen conceptos ontológicos previos que debamos conocer y apegarnos a ellos para tener instituciones justas y llevar a cabo una vida moral. Es además procesal, lo que significa que sólo tenemos la capacidad de vigilar que los procesos sean justos.

Lo primero que tenemos que entender es que queremos vivir en una sociedad bien ordenada y que, para esto, necesitamos instituciones justas. Esta sería la plataforma de la construcción.

Una vez que acordamos, por medio de un contrato social, la clase de sociedad en la que queremos vivir, necesitamos un

---

[9] Para conocer esta discusión, *cfr*. Amartya Sen, *¿Igualdad de qué?*, en Rawls, Sen, *et al., Libertad y derecho*, Planeta, Barcelona, 1994.

método para llegar a establecer los principios de la justicia que se apeguen a ella. Rawls ve problemas en el utilitarismo porque las preferencias que nos proporcionan utilidad pueden ser muy diferentes y no tienen manera de respetar plenamente la libertad ya que podríamos prescindir de ella si obtenemos una utilidad mayor. Tampoco podemos tomar en cuenta la igualdad —tal y como se ve en el ejemplo de los gustos caros—. Rawls además rechaza el intuicionismo ya que parte de intuiciones que pueden ser muy diversas y, por lo tanto, dificultan el acuerdo presupuesto en el contrato social.

El método que Rawls propone para que lleguemos a acordar dos principios de justicia es el velo de la ignorancia. En el contrato social rawlsiano los individuos carecen de información. Se excluye el conocimiento de las contingencias que ponen a los seres humanos en situaciones dispares y que les permiten guiarse por sus prejuicios. Las partes en la posición original son iguales; cada uno puede hacer propuestas y someter razones para su aceptación. El propósito de esas condiciones es representar la igualdad entre los seres humanos como personas morales, como hombres y mujeres que tienen una concepción del bien y son capaces de un sentido de la justicia.

El velo de la ignorancia, además, significa que las partes desconocen cierta clase de consideraciones particulares. Primero, ninguno sabe cuál es su lugar en la sociedad, su posición de clase, ni su estatus social; tampoco su suerte en la distribución de habilidades y capacidades, su inteligencia, su fuerza, ni nada parecido. Desconocen su concepción del bien, las particularidades de su plan de vida racional, o aun las características especiales de su psicología como la aversión al riesgo, o su tendencia al optimismo y al pesimismo; asimismo, se asume que las partes ignoran las circunstancias particulares de su propia sociedad. Esto es, no conocen su situación política o económica, o el nivel de civilización y cultura que han logrado alcanzar. Las personas en la posición original no tienen información sobre la generación a la que pertenecen.

Esta situación, aparentemente hipotética, plantea lo que en la teoría de juegos se llama una decisión bajo incertidumbre y la conducta racional, en estos casos, es elegir la alternativa que represente la menor pérdida posible. Es importante destacar que no podemos asignar probabilidades a los cursos de acción posibles. Así, cuando se levante el velo de la ignorancia se podrán tomar en cuenta las demandas de aquellos que eligieron los principios de justicia.

Ahora bien, hay cosas que los individuos sí saben a pesar de que no conocen los hechos contingentes que los colocan en una situación de desigualdad, como "los hechos generales acerca de la sociedad humana, los asuntos políticos y los principios de la teoría económica, la base de la organización social y las leyes de la psicología humana. Y, sobre todo, los hechos generales que afectan la elección de los principios de la justicia". Nuestro autor piensa que si los seres humanos no tuvieran estos conocimientos no habría acuerdos posibles. Además, para hablar de acuerdos Rawls introduce la idea de la razonabilidad que consiste en tomar decisiones que sean cooperativas.

Una vez que tengamos la base y el método para seguir construyendo nuestra teoría moral, las personas aceptarán los principios de justicia mencionados con anterioridad.

Respondiendo a la pregunta sobre las libertades como principio de una sociedad bien ordenada es necesario afirmar que Rawls no está dispuesto a prescindir de ellas, tal como lo afirma en el primer principio de la justicia: cada persona tiene derecho al más amplio esquema de libertades básicas compatible con un esquema similar de libertades para todos. También nos indica su presencia conceptualizada en los bienes primarios.

Rawls ha insistido en que el primer principio de la justicia tiene prioridad lexicográfica sobre el segundo. Esto significa que para construir una sociedad bien ordenada es necesario defender la libertad. A partir de la libertad y de la igualdad llegamos a diseñar los dos principios de justicia. Estos son los que nos permiten elaborar constituciones, las leyes que emanen de las mismas y las principales instituciones políticas, económicas, sociales y morales. Sin duda, Rawls es un pensador liberal que defiende el valor de la igualdad. Su obra dio pie a una teoría que se ha consagrado dentro de nuestro pensamiento político y moral: el liberalismo igualitario.

3. Una teoría de la justicia en las sociedades actuales debería tomar en cuenta varios elementos. El primerio de ellos sería tomar en serio la afirmación de Rawls de que la justicia debe ser la virtud de nuestras instituciones, sobre todo en los sistemas que pretenden ser democráticos. Alcanzar los ideales de la libertad y la igualdad resulta apremiante en los países en los que existe una taza de pobreza y de exclusión. La libertad es indispensable para que un sistema sea democrático, pero ella no debe reducirse a la posibilidad de ejercer un voto, esto es necesario, pero no suficiente. El papel universal y el secreto del voto posibilitan una actividad democrática. Este implica un conocimiento de las propuestas de los diferentes partidos po-

líticos, de tal suerte que los ciudadanos tengan conocimiento de la clase de gobierno que se acerque más a las rutas para llevar a cabo sus planes de vida.

Sin embargo, en países donde existe un gran número de personas en estado de pobreza extrema el voto presenta algunas dificultades. Primero, puede ser que las casillas no lleguen a lugares muy alejados de las ciudades; segundo, el voto de las personas pobres, que frecuentemente son comprados por los actores políticos. Esto puede hacerse de varias maneras, una es ofreciendo cosas imposibles de cumplir, otra es dándoles dinero u otro apoyo para que entreguen sus credenciales. Por otro lado, las personas que tienen necesidades básicas no satisfechas pueden tener pocas posibilidades de saber cuál alternativa es la mejor para ellos y ni siquiera pueden plantearse algún plan de vida, sólo pueden obtener aquello que les permita sobrevivir.

Según hemos visto, a pesar de que muchos países cumplen con ciertos procesos democráticos, la pobreza aleja el ideal de la democracia. Los pobres son los excluidos del sistema; y ni las decisiones mayoritarias de los sufragantes ni las de los miembros de las cámaras han contribuido a que mejore su situación, pues sus demandas difícilmente han quedado incluidas en la agenda política. Tampoco ha servido de mucho que en la Constitución se otorguen los derechos a la educación, a la salud y al trabajo, cuando los recursos destinados a estos rubros son tan limitados. Además, es prácticamente imposible que los pobres tengan acceso a las instancias legales pertinentes para exigir que se hagan valer sus derechos. Por otro lado, cuando la desigualdad es lacerante es prácticamente imposible que la democracia se cumpla, lo más posible es que se reproduzcan las formas de pobreza y de exclusión.

Para que alcancemos una democracia que se acerque a un ideal necesitamos dos elementos. Primero la seguridad de un proceso realmente democrático, es decir, de un sistema electoral confiable que llegue a toda la ciudadanía. También es necesaria la presencia de partidos políticos que propongan políticas que puedan cumplir y que los representantes electos no olviden a sus representados y sólo actúen para darle beneficios a su partido. La división de poderes, ejecutivo, legislativo y judicial es necesaria y, como elemento de suma importancia, la existencia de una constitución que sirva de restricción a la "tiranía de la mayoría". Segundo, también es necesario considerar elementos sustanciales. Esto significa que, cuando hablemos de libertad, realmente el sistema democrático procure que los ciudadanos cuenten con alternativas reales para llevar a cabo sus planes de vida. Que no exista ni un solo ciudadano que tenga necesidades básicas no satisfechas, que existan servicios de protección a la salud y planes de educación, principalmente, para todos los residentes de un país.

En cuanto a la igualdad es necesario que se establezcan políticas públicas focalizadas a los grupos que están en desventaja. Para esto es necesario que aminore la desigualdad y permita a las personas tener un "campo de juego igualitario" a partir del cual surjan sus fines y los medios para alcanzarlos. Mientras que exista falta de libertad y desigualdad, la democracia tendrá una cuenta pendiente con la pobreza.

Una propuesta ético-política

Emilio Martínez Navarro[*]

1. El impacto de este libro es tan inmenso que seguramente se trata de la obra de filosofía más influyente del siglo XX, dado que tal influencia ha trascendido los límites de la academia y se ha convertido en fuente de inspiración para jueces, economistas, políticos e intelectuales de muy diversas ramas del saber. Pero estoy seguro de que la mayor parte de las personas que citan *Teoría de la justicia* (*A theory of justice*) no han leído el libro completo y que muchos no lo han entendido de manera suficiente. No en vano se trata de un libro muy extenso y muy denso, con referencias continuas a autores y obras de filosofía, economía, sociología, historia, derecho, etc. En ese sentido, se trata de un libro filosófico muy serio, porque fue escrito tras informarse de los principales avances científicos y humanísticos de su época. Cumplió con creces el lema hegeliano de que el filósofo ha de expresar su propio tiempo en conceptos.

Teoría de la justicia es una obra decisiva para entender lo sucedido en gran parte del desarrollo posterior de la filosofía moral y política por varias razones: 1) por el modo en que fue escrita, 2) por el interés que despertó en la academia y fuera de ella y, 3) por el modo en que su autor supo actualizarla y rectificarla en algunos aspectos, mostrando con ello que la honesta búsqueda de la verdad ha de ser el objetivo principal, por no decir el único, de cualquier aportación científica y filosófica.

---

[*] Universidad de Murcia (España).

Veamos estas tres razones con algo más de detalle.

Teoría de la justicia es una obra compuesta a lo largo de muchos años, en la que Rawls recoge diversos artículos que había publicado con anterioridad, los actualiza y los coloca en el lugar oportuno dentro de un esquema que tiene tres partes (La teoría, Instituciones y Los fines). Este modo de elaboración del libro es, en mi opinión, el motivo principal de que se encuentren en ella algunas incongruencias, como por ejemplo en lo que se refiere a la formulación de los principios de justicia, que aparecen expresados de diferentes maneras a lo largo de la obra, dando lugar a cierto desconcierto por parte de los lectores atentos. Sin embargo, a pesar de estos pequeños defectos de composición del libro, lo cierto es que este modo de proceder ya era bastante habitual en los años setenta entre las personas que cultivan la filosofía moral y política, y lo ha seguido siendo desde entonces. Estas filósofas y filósofos comienzan su carrera profesional publicando artículos en revistas especializadas, y cuando disponen de un número suficiente de este material publicado, procuran hacer lo que hizo Rawls en *Teoría de la justicia*: compilar los artículos en un libro completando dicha compilación con otros materiales no publicados previamente, de modo que el resultado sea una obra más o menos estructurada en torno a un tema relevante. A diferencia de otras ramas del saber contemporáneo en las que ha descendido drásticamente el número de libros (salvo de divulgación) y casi todos sus cultivadores se limitan a publicar artículos en revistas especializadas, en filosofía sigue vigente la costumbre de publicar también libros, más o menos extensos, como hizo Rawls con *Teoría de la justicia* (su primer libro, publicado a la edad de cincuenta años). Considero que esta costumbre es beneficiosa para este saber que llamamos filosofía: era necesario y fue muy conveniente que Rawls publicara el libro porque, a través de él, pudo expresar una síntesis de su pensamiento que excedía con mucho la extensión de un artículo científico. La buena filosofía necesita mucho espacio para exponer ideas, argumentos, críticas a posiciones rivales, propuestas bien razonadas, etc. Y ese plus de espacio es el que ofrece el formato de libro, frente al habitual —pero también necesario— formato de artículo. Es verdad que Rawls ya era conocido en los círculos filosóficos norteamericanos antes de la publicación de *Teoría de la justicia* (si sus artículos previos no hubieran tenido el gran impacto que tuvieron, Rawls no hubiera podido acceder a una plaza de profesor en la Universidad de Harvard y tener la influencia que tuvo), pero también es verdad que, si no hubiera hecho el magno esfuerzo que hizo para componer el libro, es poco probable que hubiera llegado a tener el enorme impacto mundial que realmente ha tenido. A mi modo de ver, esto nos muestra la importancia que tiene la publicación de libros —además de artículos— en el ámbito de la filosofía moral y política, y en el de la filosofía en general.

La segunda razón por la que *Teoría de la justicia* ha influido muy intensamente en el desarrollo posterior de la filosofía moral y política es que esta obra fue acogida con enorme interés tanto dentro como fuera de la academia. Esto indica claramente que, cuando un libro de filosofía está bien escrito, es audaz, es novedoso y responde de alguna manera a las inquietudes y preocupaciones de su época, suele tener éxito de crítica y público. Se ha dicho que Rawls es el filósofo norteamericano más citado de toda la historia de la filosofía, y no me extrañaría que tal dato sea cierto. La clave podría estar en que el tema del que trata *Teoría de la justicia* es un tema que interesa a casi todo el mundo, y Rawls lo trata con rigor y suficiente claridad. A lo largo de la vida, casi todo ser humano se pregunta en qué consiste una sociedad justa, cuáles son los criterios para saber si algo es injusto, cómo se podría mejorar la propia sociedad y el mundo en general, para hacer de él un lugar más justo, etc. Muchas personas sintieron curiosidad y se asomaron al libro buscando respuestas a esas preguntas y a otras semejantes, y lo que encontraron fue un texto académico que es complicado, enrevesado y sumamente técnico. Seguramente, la mayor parte de estas personas se conformaron con alguna explicación divulgativa de los principios de justicia y de la posición originaria con el velo de ignorancia, pero ya con eso fue suficiente para dar lugar a cierto debate público en torno al concepto de justicia social, y se cumplió entonces el vaticinio que hizo Nozick en su libro de 1974: a partir de ahora, quienes traten la cuestión de la justicia tendrán que situarse en el marco trazado por Rawls, o bien explicar por qué no lo hacen. Los filósofos y filósofas seguramente se acercaron a la obra con ánimo de aprender y de polemizar, y probablemente todos hemos hecho ambas cosas. Cada cual, desde sus intereses filosóficos particulares, fuimos a buscar algo en *Teoría de la justicia*. Por ejemplo, algunas personas buscaban de qué modo esta obra trata la cuestión de los derechos humanos, otros buscarían de qué modo se aborda la elaboración de una constitución democrática, otros estarían preocupados por los derechos de propiedad, o por la desobediencia civil (tema tratado por Rawls en un artículo anterior al libro que luego fue recogido en él), etc. La cuestión es que *Teoría de la justicia* trata muchísimos temas que tienen relación con el concepto de justicia, y cada uno de esos temas es tratado con cierto detenimiento, rigor y seriedad. De ahí que su impacto haya sido tan grande. La conclusión que podemos sacar en este punto es que la filosofía moral y política posterior a la obra ha seguido su estela, en gran medida, al regresar a las cuestiones centrales de nuestra disciplina, superando el paradigma del mero análisis del lenguaje moral y político que pretendía mantenerse al margen de las cuestiones morales controvertidas. No es que dejase de interesar por completo ese enfoque analítico-lingüístico, que fue dominante antes de la publicación de *Teoría de la justicia*, pero afortunadamente la obra rawlsiana logró dar un nuevo giro a la filosofía moral y política al mostrar, en los hechos, que era perfectamente posible elaborar una propuesta ético-política seria, documentada, capaz de responder a las cuestiones sustantivas que todos nos planteamos acerca de lo justo.

He apuntado que un tercer elemento que puede ayudar a entender por qué el libro se convirtió en una obra filosófica tan sumamente influyente fue el modo en que Rawls supo actualizarla y rectificarla en algunos aspectos, mostrando con ello un fuerte compromiso con la honesta búsqueda de la verdad que presidió todo su quehacer profesional. En efecto, si observamos las publicaciones posteriores de Rawls, nos percatamos de inmediato de que todas ellas se pueden considerar como prolongaciones de lo expuesto en ese primer y casi único libro (los libros posteriores, principalmente *Liberalismo político*, son compilaciones de artículos y conferencias sin apenas añadido alguno; o bien se trata de textos que usaba Rawls como material de aula para sus alumnos, pero en todo caso nunca más escribió un nuevo libro al modo en que lo hizo con *Teoría de la justicia*). Es verdad que, entre tales prolongaciones, hay algunas modificaciones o rectificaciones que afectan a contenidos expuestos inicialmente pero, como él mismo expone en el artículo de 1985 —"Justice as fairness: political not metaphysical"—, lo esencial de lo expuesto en *Teoría de la justicia* seguía vigente, y es que la diferencia entre una sociedad injusta y otra justa radica en que en esta última se intentan poner en práctica unos principios rectores que dan cuerpo a las libertades iguales, la equitativa igualdad de oportunidades y la atención a quienes hayan tenido desventajas provocadas por la lotería natural y social. Estos principios ya los publicó Rawls antes de *Teoría de la justicia*, los recogió allí y los mantuvo en las publicaciones posteriores. Lo que aportan esas publicaciones posteriores es toda una serie de discusiones y argumentos en torno a los fundamentos, el alcance y las posibles derivaciones de tales principios, incluyendo argumentos de réplica a sus críticos. Desde este punto de vista, se puede afirmar que una de las claves fue que en su obra mayor Rawls llevó a cabo la exposición detallada del núcleo de su propuesta filosófica, por más que dicha exposición requiriese posteriormente ampliaciones, matizaciones y aclaraciones. De modo que, en resumen, una parte de la influencia de *Teoría de la justicia* en la filosofía moral y política contemporánea ha sido el dar ejemplo de cómo se puede construir, desarrollar y perfilar una propuesta filosófica que esté a la altura de los problemas y conflictos que aquejan a nuestro mundo, sin renunciar a las propias convicciones de fondo, sin dejar de mantenerse informado de los avances en otros saberes y sin rehuir el debate con los críticos. En otras palabras: *Teoría de la justicia* mostró que todavía se puede hacer filosofía en serio, y en lo que publicó después el autor supo mantener lo esencial de aquella propuesta sin caer en la obcecación de mantener todo lo que dijo en aquel libro y sin caer tampoco en la renuncia a todos aquellos contenidos. Nos dio ejemplo, en el sentido ético del término, de cómo mantener una conversación filosófica en la que caben las rectificaciones de los propios planteamientos sobre la base de una actitud de búsqueda desprevenida de la verdad. Aunque este buen ejemplo no está siendo imitado por todos los colegas actuales, quiero pensar que forma parte constituyente de la corriente principal de nuestra disciplina.

2. La evaluación que hago de los principios rawlsianos es positiva, pero es preciso matizar cómo creo yo que el propio Rawls llegó a entender los principios, que en realidad se pueden considerar como tres (1: Principio de libertades iguales con su valor equitativo garantizado para las libertades políticas iguales. 2: Principio de igualdad de oportunidades y, 3: Principio de la diferencia). En las lecciones publicadas con el título *Justice as fairness: A restatement* (obra editada con ayuda de Erin Kelly en 2001, poco antes del fallecimiento de Rawls) la formulación del primer principio quedó así: 'cada persona tiene el mismo derecho irrevocable a un esquema plenamente adecuado de libertades básicas iguales que sea compatible con un esquema similar de libertades para todos' (§ 13). Tal como él lo explica, las libertades políticas, y sólo ellas, han de tener el mismo valor para todas las personas: han de ser libertades reales, y no meras declaraciones alejadas de la realidad; por ejemplo, el derecho al voto, o a ser candidato en las elecciones, ha de tener el mismo valor para los más ricos y para los menos

ricos, puesto que todos han de tener las mismas oportunidades de influir en las instituciones de gobierno; esto presupone que todos los ciudadanos y ciudadanas han de tener la formación cultural y política suficiente para entender en qué consisten tales instituciones y cómo deberían funcionar. Lo esencial del primer principio es que presupone e implica que todas las personas deben tener acceso al *ejercicio pleno* de las libertades básicas, porque son la base para el igual ejercicio de las libertades políticas. Esto equivale a exigir que toda la Declaración de los Derechos Humanos de la ONU de 1948 sea cumplida en la práctica, tanto en lo que se refiere a los derechos civiles y políticos (derechos humanos "de primera generación") como especialmente en lo que se refiere a los derechos sociales, económicos y culturales (derechos humanos "de segunda generación"). En efecto, creo que Rawls estaría plenamente de acuerdo con la idea de que ese "esquema plenamente adecuado de libertades básicas" al que se refiere su primer principio, incluye la noción de que las personas han de tener garantizado el ejercicio y disfrute de tales libertades, para lo cual se ha de garantizar que, junto con el permiso para tal ejercicio y disfrute, se les proporcionen los medios materiales y culturales para que tal ejercicio y disfrute sea realmente efectivo. Esto se entiende mejor si pensamos en la experiencia de ser padres y madres: suponiendo que se trate de personas razonables (no trastornadas), los progenitores solemos querer que nuestros hijos lleguen a ser personas autónomas (es decir, libres para elegir su propio proyecto de vida personal y capaces de ejercer su ciudadanía política sin estar sometidos a "padrinos" de ningún tipo); pues bien, para que los hijos e hijas lleguen a ser realmente libres, necesitan el apoyo material y educativo (incluyendo conocimientos y afectos) de los padres (y de la sociedad en su conjunto) para empoderarles lo suficiente como para que puedan, en su momento, hacer realidad esas libertades.

Desde este punto de vista, ¿cómo no va a ser prioritario el primer principio sobre los otros dos? Para que haya justicia en el mundo, lo primero y principal es que toda persona sea recibida en él con el compromiso de los progenitores y de la sociedad de que esta recién llegada va a recibir lo suficiente (alimentación, ropa, cuidados médicos, afecto, educación, etc.) para llegar a ser una persona capaz de disfrutar de las libertades básicas.

Los otros dos principios han de estar al servicio del cumplimiento del primero. En las lecciones publicadas en 2001, se expresa de este modo: 'las desigualdades sociales y económicas tienen que satisfacer dos condiciones: en primer lugar, tienen que estar vinculadas a cargos y posiciones abiertos a todos en un contexto de igualdad equitativa de oportunidades; y, en segundo lugar, las desigualdades deben redundar en un mayor beneficio de los miembros menos aventajados de la sociedad (el principio de diferencia)'. Esto significa, a mi parecer, que en una sociedad bien ordenada, además de cumplir del mejor modo posible las exigencias del primer principio (las que obligan a recibir a cada nuevo ser humano con una buena dote de bienes y servicios que han de garantizar que sobreviva y se desarrolle en las condiciones de vida digna propias de nuestra época), es preciso velar también para que las personas dispongan de unas oportunidades similares para poder realizar sus respectivos proyectos de vida. Para ello, las instituciones han de ser diseñadas de manera que nadie tenga privilegios arbitrarios (en razón de su raza, sexo, apellidos, religión, etc.) para ocupar sin el debido esfuerzo los puestos de responsabilidad o las posiciones sociales de poder y prestigio que toda sociedad necesita cubrir (igualdad de oportunidades: cualquiera puede, en principio, llegar a presidente; cualquiera puede, en principio, llegar a ser dueño de una gran empresa, etc.); y también es preciso que se tenga muy presente la situación de los menos aventajados (los más pobres, las personas que han tenido peor suerte en la vida) para empoderarles en cierta medida y así compensar el infortunio; (por ejemplo: es justo que los cirujanos tengan mejor salario que los limpiabotas siempre y cuando los primeros estén al servicio de los segundos cuando sea necesario; de este modo se garantiza que esa desigualdad de salarios redundará en beneficio de los menos aventajados). De nuevo podríamos recurrir aquí a la comparación con lo que pasa en una familia razonable: los progenitores no suelen otorgar privilegios arbitrarios a los hijos a la hora de obtener puestos de responsabilidad-poder-prestigio en el seno de la familia, y procuran que los hermanos cuiden los unos de los otros de tal modo que los menos aventajados se puedan beneficiar de la protección y el apoyo que les brindan los más aventajados, aunque esto suponga otorgar una mayor cuota de responsabilidad-poder-prestigio para estos últimos. Hay una lógica de reciprocidad y apoyo mutuo que subyace en el principio de la diferencia que tiene semejanzas con el espíritu de *fraternidad universal* que ha impulsado en parte los esfuerzos para promocionar la igualdad como valor ético-político.

La interpretación que hizo Rawls de lo expresado en *Teoría de la justicia* a partir de los años ochenta se podría resumir del siguiente modo: en *la cultura política pública* de Occidente hay una serie de convicciones morales básicas que conforman lo esencial de nuestro modo de pensar y de vivir, hasta el punto de que no podríamos entendernos a nosotros mismos sin tales convicciones. Por ejemplo:

1) Toda vida humana tiene el mismo valor que cualquier otra; nadie tiene derechos especiales en razón de su raza, sexo, estirpe familiar, religión, grupo cultural de pertenencia, etc. Todos somos, en principio, igualmente vulnerables, aunque no todos estemos vulnerados: a lo largo de la vida atravesamos diversos estados de vulnerabilidad (Esta convicción es representada por medio del experimento mental de la posición originaria con el velo de ignorancia).

2) La sociedad es (o debería ser) un sistema de cooperación en el que todas las personas hacen —o pueden llegar a hacer, tras recibir al comienzo de la vida lo necesario— aportes valiosos con su esfuerzo y también reciben bienes y servicios, de modo que el reparto equitativo de las cargas y beneficios de tal sistema cooperativo ha de ser la clave para que nadie tenga motivo de queja (Esta convicción se expresa en la insistencia de Rawls de que la justicia es una virtud que han de encarnar las instituciones, y sólo secundariamente es una virtud de los individuos; lo esencial para que una sociedad sea justa es que esté bien diseñada para cumplir su misión de cooperación mutua).

3) Para fijar unas justas cuotas de reparto de tales cargas y beneficios es preciso tener en cuenta que la vida humana está expuesta a los efectos arbitrarios del azar, la fortuna, la suerte; de manera que las personas que tengan peor suerte en la vida (cualquier persona, antes o después, puede ser

afectada por la mala suerte y con ello su vulnerabilidad aumenta) merecen ser ayudadas, apoyadas, empoderadas, por parte de aquellas otras personas que hayan tenido mejor suerte. La noción de justicia incluye la idea de que quienes están mejor se puedan beneficiar hasta cierto punto de su buena suerte con tal de que lo hagan prestando servicios a quienes están peor.

Estas convicciones básicas, o "juicios morales ponderados", como él los llama, son el verdadero punto de partida para la propuesta de *Teoría de la justicia* que incluye los dos principios como resultado del argumento de la posición originaria con el velo de ignorancia. La posición originaria con el velo de ignorancia es un recurso heurístico para exponer la convicción número 1 y los principios que se escogerían en ella representan lo esencial de las convicciones 2 y 3. No cabe duda de que se puede diseñar "una sociedad bien ordenada" a partir de unas convicciones muy diferentes, pero entonces ya no sería la sociedad bien ordenada que corresponde a nuestra tradición política y cultural, esa que ha dado lugar a las democracias constitucionales en las que vivimos y en las que queremos vivir. Una vez que hemos desechado los regímenes absolutistas, totalitarios, fundamentalistas, etc., en los que no es posible ejercer las libertades básicas iguales, la alternativa deseable sigue siendo la de una sociedad bien ordenada que se inspire en esas convicciones básicas a las que no queremos renunciar. Y esa sociedad bien ordenada es la que propone Rawls en su libro: una sociedad en la que se respetan los Derechos Humanos. Es verdad que Rawls pensaba en los años setenta que su propuesta podía ser aceptable para cualquier persona razonable de cualquier parte del mundo, y que posteriormente reconoció que hay personas razonables en otros grupos culturales no occidentales que no tendrían por qué aceptar la cultura política pública de raíces occidentales que está en la base de *Teoría de la justicia*. De modo que Rawls dedicó los últimos años de su vida a actualizar su propuesta para un mundo multicultural y necesariamente plural, en el que siempre habrá desacuerdos como producto del ejercicio mismo de la libertad. Sin embargo, esa actualización apenas quedó comenzada. Merece la pena mencionar que apuntó a la idea kantiana de una "razón pública" como la clave para construir una propuesta de justicia que pueda presentarse en el futuro como verdaderamente universalizable. Y aquí apunto al reto principal que, a mi juicio, tiene planteado actualmente la filosofía moral y política: el de afrontar los problemas mundiales (como el hambre, el cambio climático, la contaminación, las guerras, los terrorismos y fundamentalismos, las violaciones de los derechos humanos de mujeres, niños, minorías étnicas, etc.) con una propuesta viable y justa de una sociedad bien ordenada mundial, internacional, cosmopolita. Para hacer frente a los desafíos mundiales se necesita una política mundial coordinada, concertada, basada en unas pocas convicciones morales universalmente compartidas. La idea de una razón pública accesible a cualquier persona y grupo, desde la cual formular sus propuestas para construir una sociedad bien ordenada, es un camino prometedor. En ese camino estarían situadas muchas propuestas de la ONU, como la agenda 2030 de los Objetivos de Desarrollo Sostenible. Cualquiera podría encontrar cierta inspiración rawlsiana en ese tipo de iniciativas; no en balde, lo que se pretende con ellas, como se pretendió en su momento con la Declaración Universal de Derechos Humanos de 1948, es construir una sociedad mundial justa, en la que todo ser humano pueda llevar adelante un proyecto personal de vida en libertad, en el marco de unas instituciones que promuevan la cooperación mutua en términos equitativos.

3. En el nivel macro, la urgencia número uno es la cuestión de las fronteras: el mundo está repartido en países, naciones soberanas (hasta cierto punto), divisiones territoriales, paraísos fiscales, potencias industriales grandes, pequeñas y medianas, y todo ello dificulta enormemente las posibilidades de hacer frente a los problemas urgentes que la humanidad tiene que resolver para poder sobrevivir. Una teoría de la justicia a la altura de nuestro tiempo tendría que encontrar las claves para hacer compatibles dos cosas: la concertación universal en algunas cuestiones, como la eliminación de las armas nucleares, la colaboración internacional contra las pandemias, contra los terrorismos, contra el hambre, contra el calentamiento mundial, etc., y al mismo tiempo el reconocimiento de que puede haber diversos modos de vivir que no tienen por qué ser necesariamente una combinación del libre mercado y la democracia representativa. Podría haber, por ejemplo, algunos países en los que los bienes comunales tuvieran mucho más peso que los bienes privados individuales o familiares, de tal modo que las cooperativas fueran el tipo de empresa predominante y casi único; sin mencionar que muchas tribus de la Amazonía y lugares similares tendrían que tener la oportunidad de sobrevivir en su territorio y con sus propias costumbres, sin tener que soportar la presión continua de quienes quieren

expulsarles o eliminarles. Sería deseable que ese tipo de países que no encajan en el modelo dominante pudiera resistir las presiones de otros países encaminadas a permitir la entrada de sus capitales, de sus empresas y de sus proyectos de explotación de recursos locales apetecibles. No se trata de abolir las fronteras, sino de dejar claro, a nivel internacional, que ellas pueden cumplir una función de protección de las poblaciones locales, de las tradiciones locales razonables (las que no provocan víctimas de ningún tipo) y de los recursos locales que pertenecen por herencia a esas poblaciones locales.

Una teoría de la justicia, más allá de Rawls, tendría que repensar cuestiones como los límites del mercado, los del Estado y los de las asociaciones ciudadanas. Las libertades básicas no pueden ser ilimitadas, sino que, como dice el primer principio, deben conformar "un esquema plenamente adecuado". Esto significa que ha de fijarse de manera pública y razonada (haciendo uso de la razón pública) la extensión de todas y cada una de las libertades y derechos que tienen las personas y las instituciones. Por ejemplo, es preciso regular mejor los poderes de las empresas y de los Estados en lo que se refiere a la invasión de la privacidad, al uso de las tecnologías de reconocimiento facial, al uso de algoritmos de inteligencia artificial, etc. Rawls decía que el gran reto de una teoría de la justicia era encontrar un adecuado equilibrio entre la libertad y la igualdad, pero quizá el reto actual es algo más complejo: cómo equilibrar adecuadamente la libertad, la seguridad, la privacidad y la igualdad. Nuestro mundo es cada vez más inseguro, y la pandemia lo ha demostrado de una forma rotunda, aunque ya sabíamos por otras experiencias que las catástrofes climáticas, las migraciones masivas, las redes de terrorismo y narcotráfico, etc., ponen de manifiesto la enorme vulnerabilidad que nos constituye como seres humanos. Algunos retos son tan urgentes, que apenas pueden esperar a que tengamos preparada una respuesta adecuada de concertación internacional. En ese sentido, una teoría de la justicia que quiera estar a la altura de nuestro tiempo tiene que contar con el diálogo intercultural, yendo más allá de la cultura política pública de Occidente. Es preciso dar la palabra a los pueblos autóctonos, a las culturas minoritarias, a la sabiduría ancestral de las tribus indígenas, a las personas que se ven obligadas a emigrar y pedir asilo como refugiadas, etc. Sería bueno que la propuesta rawlsiana se viera complementada por otras propuestas de la filosofía moral y política contemporánea, como la ética discursiva de Karl Otto Apel y Jürgen Habermas (a su vez actualizada con la ética de la "razón cordial" de Adela Cortina y su crítica a la "aporofobia"), la teoría del reconocimiento mutuo de Axel Honneth y Nancy Fraser, el enfoque de las capacidades de Amartya Sen y Martha Nussbaum, o el republicanismo de Philip Pettit y Cass Sunstein. Todas ellas, y algunas más, tienen algo interesante que aportar. Quizá no pueda alcanzarse una especie de "teoría unificada de la justicia social", pero se pueden ofrecer buenos argumentos para afrontar los problemas reales de nuestro mundo echando mano de las mejores teorías que ya tenemos a nuestro alcance, tanto desde la academia como desde los movimientos sociales (feministas, LGBTI, ecologistas, pacifistas, etc.). En todo caso, una teoría de la justicia que merezca ser tenida en cuenta tiene que tener detrás de sí un enorme esfuerzo académico, como el que Rawls hizo antes y después de la publicación de su obra mayor. Ninguna teoría filosófica que se precie puede ser fruto de la improvisación, las ocurrencias provocativas y la mera descalificación de las teorías rivales. Lamentablemente, hay mucho de esto en algunos superventas de la filosofía contemporánea, pero antes o después espero que serán arrumbados en la cuneta de la historia. Ya hemos señalado que, por el contrario, la seriedad, el rigor y el compromiso con los problemas reales de su tiempo, que caracterizaron la trayectoria filosófica de Rawls, fueron decisivos para el éxito editorial de *Teoría de la justicia* y para elevar a su autor a las más altas cimas de la historia de la filosofía.

En el nivel micro, los principales problemas que ha de afrontar la filosofía moral y política contemporánea, a mi juicio, son los del reparto del empleo (un bien cada vez más escaso), las bases de una educación de calidad sin exclusiones, los usos y abusos de las tecnologías (en particular las que se basan en la inteligencia artificial), las cuestiones de ética profesional (ética médica, ética de la investigación, ética de los representantes políticos, etc.), las cuestiones relacionadas con el trato que damos a los animales no humanos, las bases éticas de una buena gestión de las epidemias, los problemas de justicia derivados de la transición desde las energías basadas en los combustibles fósiles hacia las energías renovables, los riesgos de las desigualdades socioeconómicas para la estabilidad social y política (denunciados desde Montesquieu hasta el foro de Davos), los riesgos relacionados con la manipulación del cerebro (denunciados por la neuroética), etc. Muchos de estos problemas van más allá de Rawls porque ya no pertenecen al mundo que él conoció. Nuestra época, en muchos aspectos, es una época nueva, a la que se ha dado en llamar, entre otras denominaciones, la época del "antropoceno": el ser humano ha colonizado el planeta de tal modo que estamos provocando en él unos efectos dañinos que podrían provocar nuestra extinción como especie.

Finalmente, hay cuestiones importantes a las que Rawls quizá no prestó la atención que requieren, pero deberían ser abordadas en una teoría de la justicia para las sociedades actuales. Por ejemplo, la necesidad de compaginar la rivalidad política con la necesidad de gestionar adecuadamente las instituciones y de dar respuesta a los problemas reales. Una parte importante de la filosofía política actual insiste en que Rawls forma parte de un grupo de filósofos que ignora la advertencia de Carl Schmitt de que la esencia de la política es la rivalidad amigo-enemigo. Desde ese punto de vista, pareciera que se relega a Rawls al grupo de los ingenuos, de los que se creen que la política consiste en la gestión de lo público, en lugar de mirarla como el espacio de la lucha por la hegemonía, de la pugna por el poder dominador sobre personas, recursos y territorios. Es posible que así sea, al menos en parte. Pero ya he dejado claro lo que opino sobre este asunto: las dos cosas son necesarias: no se puede hacer hoy una buena filosofía que prescinda de uno de los dos lados, porque la política es rivalidad, pero también es gestión.

Por último, hay cuestiones que Rawls trabajó muy poco y que son muy relevantes. Por ejemplo, el papel de las emociones y los sentimientos en la vida moral y en la teoría de la justicia. Aunque él dedicó un apartado del capítulo 8 de su libro a estas cuestiones, lo cierto es que no volvió a ocuparse de ellas, y sin embargo se necesita una amplia investigación que permita articular adecuadamente lo emotivo con lo racional. Otro tanto se podría decir con respecto a la conexión de la teoría de la justicia con la teoría del desarrollo del juicio moral. En tiempos de Rawls casi nadie puso en duda las relevantes aportaciones de Kohlberg y de Gilligan, pero posteriormente se ha constatado la necesidad de revisar a fondo estas aportaciones y de arrojar nueva luz sobre este asunto crucial.

Una concepción igualitarista de la justicia

Juan Ormeño Karzulovic[*]

1. Pocas obras filosóficas del presente han tenido un impacto tan profundo en la discusión filosófico-moral y filosófico-política contemporánea como la *Teoría de la justicia* de John Rawls,[1] aunque esto no quiera decir que la evaluación de dicho impacto sea unánimemente positiva o siquiera uniforme. Para aquilatarlo creo que es necesario comenzar situando la obra en su contexto de origen, que es la discusión filosófica anglo-americana en general y la situación política estadounidense de fines de los sesenta en particular. En relación con lo primero, *Teoría de la justicia* representó un giro de la filosofía moral anglosajona desde preocupaciones metaéticas, vinculadas ante todo con la dilucidación del significado de los términos morales, hacia preocupaciones éticas substantivas. O, si se prefiere, la obra llenó de contenido substantivo términos como "bueno" y "justo" al asignarles una tarea definida al interior de la teoría moral y de la filosofía política; y aunque al ofrecer criterios que permitiesen establecer prioridades entre distintos principios de justificación moral pretendió resolver cuestiones metaéticas, lo hizo teniendo siempre a la vista la importancia de semejantes cuestiones para el desarrollo de una teoría moralmente subs-tantiva (de ahí que expresiones como "equilibrio reflexivo" y

---

[*] Instituto de Filosofía de la Universidad Diego Portales (Chile).
[1] John Rawls, *A theory of justice*, Revised edition, Harvard University Press, 1999.

"orden lexicográfico" se hayan incorporado al vocabulario filosófico moral del presente con cierta naturalidad). Además, la obra representó un giro radical desde posiciones utilitaristas —hasta Rawls, la tendencia mayoritaria entre los filósofos anglosajones y entre los economistas del bienestar— hacia posiciones deontológicas fuertes en el campo de la filosofía social. Es evidente que esta es una manera "metaética" de formular el asunto, pero el rechazo del utilitarismo por parte de Rawls se apoya, de nuevo, en consideraciones éticas substantivas; la necesidad de asignarle a cada persona una dignidad igual, cuestión con la que el principio utilitarista no puede lidiar bien, lo lleva a privilegiar procedimientos justos (imparciales), que preserven los derechos de cada agente, por sobre la maximización de algún bien, incluido el bien de toda la comunidad de la que el agente es parte.[2] En relación con lo segundo, *Teoría de la justicia* pretende ofrecer una justificación filosófico-política para lo que podríamos llamar un "liberalismo político socialdemócrata", es decir: pretende justificar las instituciones propias del sistema político democrático-liberal —por ejemplo, el respeto a las libertades individuales (derechos) mediante la limitación constitucional del poder político y la participación (reglada por la ley) de los ciudadanos en el ejercicio de ese poder— como formando parte de un sistema de cooperación social que incluye no sólo derechos civiles y políticos, sino también derechos económico-sociales.

---

[2] En esto, la crítica de Rawls parece coincidir, hasta cierto punto, con la que famosamente hiciera Anscombe del "consecuencialismo" en "Filosofía moral moderna" en Mark Platts, *Conceptos éticos fundamentales*, UNAM/ Instituto de Investigaciones Filosóficas, México, 2006, pp. 27-53. Y es evidente la influencia que "el principio de separación de personas" tiene en la obra de Nozick y Dworkin.

Filósofos liberales europeos (por ejemplo, Otfried Höffe y Alan Ryan)[3] han destacado que una concepción que mezcla libertades políticas y derechos sociales no era una novedad para las sociedades liberales de la Europa de la segunda posguerra, aunque sí lo era para la concepción (básicamente lockeana) que los estadounidenses tenían del liberalismo. En esto, la novedad de *Teoría de la justicia* es provinciana, pero no por ello menos significativa. Publicada en 1971, en plena *détente* de la Guerra Fría pero en medio de la guerra de Vietnam, la obra aboga por una teoría de la justicia para sociedades democráticamente organizadas en las que, eventualmente, no exista propiedad privada sobre los medios de producción (o en las que la posibilidad de disponer de esa propiedad esté fuertemente limitada por el Estado, como en las democracias nórdicas). Y para aquellas sociedades en las que tal propiedad existe (y en las que la posibilidad de disposición absoluta de los bienes por parte de los propietarios es consustancial al derecho de propiedad, como en los Estados Unidos), la obra aboga por que el Estado asuma, a través de instituciones sociales como el sistema tributario, la organización de la salud y la educación públicas, el sistema de rentas previsionales, etc., la responsabilidad de redistribuir entre los miembros los beneficios de la cooperación social, al menos hasta el punto de garantizar una renta mínima básica que asegure que ninguno de los miembros de una "sociedad bien ordenada" sienta que su libertad es menos valiosa que la de sus

---

[3] Alan Ryan, "John Rawls", en *The making of modern liberalism*, Princeton University Press, 2012, pp. 505-519. Otfried Höffe, *Geschichte des politischen Denkens*, Beck, München, 2016, cap. 20; Otfried Höffe, "Einführung in Rawls' *Theorie der Gerechtigkeit*" y "Zur Gerechtigkeit der Verteilung", en Otfried Höffe (ed.), *John Rawls. Eine Theorie der Gerechtigkeit*, Akademie Verlag, Berlin, 1998, pp. 3-26 y 169-186.

conciudadanos. Bajo estas coordenadas evaluativas, el impacto de *Teoría de la justicia* está limitado a una tradición filosófica específica y a un área geopolítica bien determinada.

Desde otro punto de vista, sin embargo, su impacto es de mucho mayor alcance. Podría decirse de esta obra que renovó una manera clásica de pensar acerca de la sociedad y la política. Su objeto declarado son los principios de justicia que han de gobernar la estructura básica (es decir, los principales arreglos políticos, económicos y sociales) de una sociedad bien ordenada (esto es, de una especie "ideal" de sociedad, que se caracteriza por el hecho de que en ella tales principios gobiernan efectivamente las instituciones de un modo que es transparente para los ciudadanos que participan de ellas y a las que estos amoldan de modo efectivo su conducta). El propósito que persigue este tratamiento del asunto es diseñar una concepción coherente y detallada de instituciones justas que luego nos sirvan de canon para el enjuiciamiento (y eventual reforma) de instituciones realmente existentes en sociedades no (completamente) bien ordenadas. Esta caracterización de *Teoría de la justicia* requiere dos comentarios: (1) no se trata de la construcción de un estado ideal como la *República* platónica, sino que se trata del tipo de estructura básica que se seguiría de principios que los ciudadanos de Estados constitucionales democráticos del siglo XX habrían escogido libremente para organizar su vida social si es que tal elección se hubiese llevado a cabo en condiciones de completa imparcialidad. La idea intuitiva es que esas condiciones asegurarían el tipo de restricción a la persecución del propio interés que los agentes aceptarían como razonable marco público para la cooperación social, sin reducir tales restricciones (y la cooperación social que posibilitan) sólo a medios para un fin básicamente privado. (2) Las cuestiones empíricas que el enfoque "ideal" omite (por ejemplo, la corrupción de los funcionarios, la influencia política indebida de quienes tienen dinero y poder, el populismo, etc.) pueden ser tratadas como desviaciones una vez que disponemos del estándar correcto. Con todo, incluso en su formulación "ideal" la teoría asume un conjunto de insumos empíricos (como el rol de las familias en el desarrollo de las habilidades de los individuos, y el impacto de largo plazo que sobre ellos ejerce la configuración de la "estructura básica") que le confieren realismo al diseño institucional propuesto. Se trata, entonces, de una teoría normativa de la sociedad que utiliza una versión abstracta de la teoría del contrato social para garantizar que el acuerdo original acerca de los principios de justicia tome en cuenta los intereses de cualquiera.[4] Pese a que esta estrategia argumentativa para el tratamiento de la filosofía moral y política ha tenido gran aceptación entre filósofas y filósofos de inspiración liberal,[5] no ha sido aceptada ni unánimemente ni sin reservas. Por un lado, filósofos como Jürgen Habermas han considerado con escepticismo la fuerza que podrían tener las pretensiones normativas de una teoría desarrollada *"in vacuo"* y que procede como "si no necesitase

---

[4] Aunque se suele sugerir que Rawls fue quien reintrodujo la estrategia contractualista en la filosofía social del presente (cuya influencia es fácil detectar en Robert Nozick, Ronald Dworkin, Thomas Scanlon y David Gauthier), es justo decir que fue precedido en esto por James Buchanan y Gordon Tullock.

[5] Es interesante que un "genealogista" como Bernard Williams, que no tiene mucha simpatía por el tipo de normatividad encarnada por *Teoría de la justicia*, utilice, con todo, la idea de "estado de naturaleza" como dispositivo metodológico para explicar el valor que entre nosotros tienen tanto la verdad como la veracidad. Véase su *Truth and truthfulness. An essay in genealogy*, Princeton University Press, 2002.

tomar noticia alguna del desencantamiento científico-social del derecho", que toma cuerpo en las críticas de David Hume a la idea de un contrato originario y que se consolida en los análisis de la economía política clásica.[6] Otros, como Raymond Geuss, han rechazado la pretensión "puramente normativa" de *Teoría de la justicia*, indicando, primero, que tiene que ser "sorprendente", por decir lo menos, que un procedimiento completamente imparcial, bajo un "velo de ignorancia" que debería impedir todo sesgo en la elección de principios de justicia, lleve a agentes racionales autointeresados a concebir arreglos constitucionales precisamente idénticos a la Constitución de los Estados Unidos;[7] y, segundo, mostrando la "impotencia del deber-ser" (la hegeliana *Ohnmacht des blossen Sollens*): pese a que la obra pretende hacer hincapié en la importancia de la distribución igualitaria de los frutos de la cooperación social —dando con ello pie al desarrollo de una importante discusión acerca de la igualdad en el campo de la filosofía política y moral, sobre lo que volveré más adelante—, es un hecho que desde su publicación hasta ahora la desigualdad en el mundo ha crecido hasta alcanzar los niveles de la misma en el siglo XVIII,[8] por lo que la influencia que habría podido ejercer es

---

[6] La cita es de *Faktizität und Geltung*, Suhrkamp, Franfurt am Main, 1994, p. 79. También en este sentido A. Ryan, p. 509.

[7] Esto es lo que lleva a Richard Rorty a afirmar que Rawls habría proporcionado una descripción histórico-sociológica de las intuiciones sobre la justicia de los estadounidenses contemporáneos: R. Rorty, "The priority of democracy to philosophy" en *Objectivity, relativism, and truth*, Cambridge University Press, p. 185.

[8] OXFAM International, *An economy for the 1%*, 2016; World Economic Forum, *Deepening income inequality*, Agenda 2015. Sobre los niveles de desigualdad del siglo XVIII véase Gonzalo Pontón, *La lucha por la desigualdad. Una historia del mundo occidental en el siglo XVIII*, Pasado y Presente, Barcelona, 2016. Además, Raymond Geuss, "Liberalism and its

nula. Estas no son las únicas críticas que la estrategia argumentativa utilizada por Rawls ha recibido (también habría que contar críticas "comunitaristas" como las de Michael Sandel, Charles Taylor y Michael Walzer o la crítica "feminista" de Susan Moller Okin o Seyla Benhabib, u otras críticas "políticas" como las de Philip Pettit o Chantal Mouffe, o la crítica de aspectos específicos, como la de Amartya Sen a la noción de "bienes primarios"). Pero lo que dejan en claro es que su discrepancia con Rawls tiene que ver con el modo de concebir la normatividad y su alcance. Con todo, es interesante que la obra se haya convertido en objeto de conversación y debate, hasta el punto de obligar a precisar qué ha de entenderse por "liberalismo" y cuáles son sus compromisos éticos (y eventualmente ontológicos), cómo ha de desenvolverse la filosofía social crítica, qué forma ha de tener la filosofía política, etc.

De hecho, sobre esto último se ha dejado sentir fuertemente la influencia de *Teoría de la justicia*, para bien y para mal: muchos autores muy diferentes entre sí (como, por ejemplo, Mouffe y Höffe) han notado que la obra se inspira en la filosofía moral de Kant, no en su filosofía política y jurídica. Es decir, *Teoría de la justicia* es una teoría *moral* acerca de la justicia, que carece de una noción de agencia política, corriendo con ello el serio riesgo de despolitizar a la filosofía política por medio de su excesiva moralización (una especie de maquiavelismo inverso que puede hacernos pensar que la única crítica que podemos hacer de la sociedad realmente existente ha de ser una crítica moral), y que nos hace perder de vista que

---

Discontents", p. 21 ss.; "Neither History nor Praxis", pp. 29-39 en *Outside Ethics*, Princeton University Press, 2005. Véase también la discusión en el blog de Brian Leiter https://leiterreports.typepad.com/blog/2007/10/geusss-skeptici.html

uno de los aspectos más relevantes de la política es cómo a través de ella circula y se administra el poder en la sociedad.

Por último, *Teoría de la justicia* ha tenido una importante influencia en el modo en cómo, retrospectivamente, leemos ahora a los clásicos de la teoría política, de Platón a Marx, una cuestión que nos permite aquilatar la importancia de esta obra desde otra perspectiva: *Teoría de la justicia* puede interpretarse como "su época" —la de los Estados Unidos del *New Deal*, la del capitalismo industrial expansivo y la de los ideales de la Ilustración— "comprendida en pensamientos"; la comprensión de la promesa contenida en la institucionalidad democrática a la que pudo dar a luz el mundo moderno en sus postrimerías; la "falta de efectividad" eventual de la obra quizás tenga que ver con el hecho de que se presenta como la coronación normativa de un mundo que está en trance de desaparecer: "el búho de Minerva emprende el vuelo recién en el crepúsculo".

2. Una manera provechosa de abordar este asunto es considerar cómo los principios de justicia —a saber, los criterios que han de determinar el modo en el que la "estructura básica" de una sociedad bien ordenada distribuye los beneficios y cargas de la cooperación social entre sus miembros— se vinculan con la tradición del pensamiento liberal inmediatamente anterior a *Teoría de la justicia*, de acuerdo con la cual la libertad y la igualdad, en cierta interpretación políticamente significativa, se conjugan sin problemas, mientras que en otra interpretación, igualmente significativa en términos políticos, producen demandas cuya satisfacción conjunta es incompatible. En la primera, la libertad de los agentes para hacer todo aquello que no

esté prohibido, presuntamente porque atentaría directamente contra la misma libertad de otros agentes o contra las condiciones del ejercicio de esas libertades, se deja conjugar fácilmente con la noción de igualdad ante la ley, que representa una concepción puramente formal de la igualdad, pues hace abstracción no sólo de las diferencias de todo tipo que pueda haber entre distintos individuos humanos, sino también (o quizás en particular) de aquellas que son constitutivas en algún sentido (digamos, las diferencias de género, etnia y clase).

El problema se produce cuando hacemos una interpretación material de la igualdad. Famosamente, los marxistas criticaban la igualdad sólo formal, porque ella ocultaba una desigualdad material que hacía a quienes se había despojado de medios propios de producción menos libres que aquellos que los poseían. Aunque Rawls no comparte esta idea —a saber, que los que tienen menos recursos tienen, por eso mismo, menos libertad— concuerda con el hecho de que, dado que la libertad tiene para cada agente un valor instrumental, aquellos que poseen muchos recursos (medios) pueden proponerse y lograr muchos más fines que aquellos que no los poseen, por lo cual para los primeros la libertad tiene mucho más valor que para los segundos. Siendo esto así, se produce la contraposición que hasta *Teoría de la justicia* dominaba en el pensamiento liberal: el desarrollo de instituciones políticas que garanticen las libertades básicamente negativas de las que gozan los ciudadanos en un Estado constitucional de derecho no sólo son, por su carácter formal, indiferentes a la desigualdad material que pueda haber entre ellos, sino que, además, cualquier intento, en particular del gobierno, por aliviar la desigualdad material por medio de una redistribución de la riqueza común (por ejemplo, por medio de un aumento en la carga tributaria de las personas más ricas) atentaría contra la libertad de los ciudadanos porque limitaría, de modo significativo, la libre disposición de sus bienes, afectando así la persecución de sus fines. Y a la inversa: si la libertad política y otros derechos negativos tienen poco significado para quien está en una situación desaventajada en la sociedad, sobre todo en comparación con el bienestar material que un gobierno con pretensiones autoritarias podría prometer a cambio de legitimar la disposición de mayores medios de control, pareciera que ambos valores son irreconciliables (este *trade off* no es exclusivo de países institucionalmente débiles, faltos de cohesión social y política y con enormes niveles de desigualdad: la xenofobia explotada por Trump o por el *Front National,* ahora *Ressemblement National,* es tan buena muestra de ello como el apoyo "popular" a regímenes como el de Maduro o Duterte). Es mérito de Rawls, en mi opinión, haber propuesto una solución filosófica liberal a esta incompatibilidad, que se expresa en el orden lexicográfico en el que, según él, han de aplicarse los principios.

La labor de los principios es determinar cómo han de distribuirse los que Rawls llama "bienes primarios", que son medios generales para la realización de cualquier plan racional de vida. El primer principio, el de la igual libertad, distribuye de forma alícuota entre los miembros de la sociedad un conjunto de libertades y derechos, sin los cuales no podría afirmarse el igual valor y dignidad que cada uno posee, en cuanto persona y en cuanto ciudadano o ciudadana. Se trata de un conjunto de "libertades negativas", que constituyen el núcleo de los modernos derechos civiles y políticos. El segundo determina cómo han de distribuirse aquellos bienes primarios que admiten una "desigualdad justa" en dos pasos: (1) que la desigual distribución vaya en beneficio de quienes son más desaventajados y (2) estén vinculados a cargos y posiciones abiertas a todos bajo condiciones de justa igualdad de oportunidades. Creo que el actual estado del mundo, con su creciente populismo y autoritarismo, justifica de sobra la prioridad del primer principio sobre el segundo. Pero a Rawls no se le escapa que la desatención al ámbito cubierto por el segundo principio puede debilitar (y de hecho debilita) la solidez de la prioridad del primero. Esto se ve claro en los aspectos más rousseaunianos de *Teoría de la justicia*: la defensa de un lugar en la teoría democrática para el sentido material de la igualdad entre miembros de una misma asociación cooperativa; el rol del autorrespeto y la autoestima como "bienes primarios" y la consideración de la falta de envidia como prueba de la sustentabilidad de las instituciones justas.[9]

Desafortunadamente, este igualitarismo ha sido objeto de múltiples críticas sin que las alternativas sean particularmente convincentes: famosamente por parte de quienes, como Robert Nozick, consideran que cualquier consideración igualitaria que apoye una redistribución de los bienes atenta contra el principio de **separación** de personas (no tratar a otro sólo como un medio); o quienes, como Cohen, consideran que el igualitarismo de Rawls hace concesiones inaceptables al egoísmo moral. Pero quizás la discusión, a mi juicio, más desencaminada pero, al mismo tiempo, más popular es la que ha culminado en la formulación del así llamado "igualitarismo de la suerte". Tal

---

[9] Juan Ormeño Karzulovic, "Envidia, resentimiento e igualdad", *HYBRIS. Revista de Filosofía*, Vol. 9, Número Especial: Debates contemporáneos sobre Justicia Social, ISSN 0718-8382, julio 2018, pp. 201-219.

como yo lo veo, esta línea de pensamiento malinterpreta el sentido del "principio de diferencia", asimilándolo a un principio de compensación.

En mi interpretación, el "principio de diferencia" constituye una suerte de "peaje" igualitario, es decir, el precio que tienen que pagar quienes más se benefician de la cooperación social para contar con la aquiescencia a los arreglos comunes de quienes se benefician menos, en el entendido que los bienes a repartir, tanto los que se distribuyen alícuotamente, como libertades y derechos, como los que pueden distribuirse desigualmente, como ingreso y riqueza, son precisamente el resultado de esa misma cooperación. Otros, en cambio, interpretan el principio de diferencia como un principio de compensación por la "fortuna o suerte" que habrían eventualmente tenido quienes, a partir de una distribución originalmente justa (como en la "posición original" de Dworkin, de acuerdo con la cual los recursos disponibles serían originariamente subastados y regateados hasta que nadie envidie la dotación de otro), terminan en una posición desaventajada con relación al resto. Puesto así, es pertinente preguntar si y hasta qué punto quienes están en una posición desaventajada *merecen* compensación por la suerte que han corrido, dado que la compensación ha de correr a cargo de aquellos a los que les ha ido mejor. Si se compensase a quienes han llevado una vida disipada (personas que se dedican toda la vida sólo al surf, por ejemplo), tal compensación constituiría un desincentivo para que quienes sean talentosos hagan todo lo que esté en su mano para hacer la mayor contribución posible a la cooperación social. Esta última consecuencia no se seguiría, en cambio, si es que la desventaja a compensar se debe a factores que estaban fuera del control del agente (suerte bruta) y si se puede convencer a los talentosos de que nadie está libre de los golpes de la fortuna, por lo que es racional prever esta circunstancia por medio de un sistema de seguros (que supuestamente tendrían el mismo impacto tributario que las instituciones redistributivas diseñadas por Rawls).[10] Aunque esta línea de argumentación ha contribuido enormemente a la elucidación conceptual de la métrica de la igualdad (si bienestar, recursos, oportunidades para el bienestar, etc.), desacopla la discusión de su origen y justificación en la teoría democrática (como lo ha señalado enérgicamente Elizabeth Anderson).[11]

Por lo demás, el igualitarismo material de Rawls ha sido criticado desde un punto de vista moral, con eficacia, tanto por Harry Frankfurt como por Derek Parfit. De acuerdo con estos autores, lo que nos interesa moralmente es el alivio de los que sufren, los que no tienen recursos suficientes para satisfacer sus necesidades "básicas", no el hecho de que otros tengan recursos suficientes (o, en algunos casos, más que suficientes), para satisfacer las propias. Por lo que la "igualdad" no puede ser un ideal moral.[12] Creo que esta es la justificación filosófico-moral de la focalización a ultranza en materia de políticas públicas, que contrasta con el carácter general de la "redistribución"

---

[10] Aquí me limito a reseñar el argumento de Dworkin en su "What is equality?", Part 2: Equality of resources, en *Philosophy & public affairs*, Vol. 10, No. 4 (Autumn, 1981), pp. 283–345, tomándolo como el punto de partida de la discusión acerca del "igualitarismo de la suerte". Pero esta es una discusión con muchos más participantes.

[11] Elizabeth Anderson, "What is the point of equality?, *Ethics*, Vol. 109, No. 2 (January 1999), pp. 287-337.

[12] Derek Parfit, "Equality and priority", *Ratio* (new series) X 3, December 1997, pp. 202–221. Harry Frankfurt, "Equality as a moral ideal", en *The importance of what we care about*, Cambridge University Press, 1998, pp. 134–158.

(permanente) prevista en las instituciones rawlsianas. Ahora bien, con relación a esta última discusión, creo que es posible resguardar, en parte, el aporte de *Teoría de la justicia* de la segunda objeción de Geuss, mencionada más arriba (es decir, la impotencia del deber-ser). Pues, si algo ha demostrado la pandemia del SARS-CoV 2, es que Estados cuyas políticas públicas están archifocalizadas han tenido una performance mucho peor que la de los Estados que entendieron de inmediato que era necesario entregar a la población en general ayudas universales (esto es, no focalizadas).[13]

3. Me permitiría reformular la pregunta, habida cuenta que una teoría de la justicia es una teoría moral acerca de las principales instituciones y arreglos de una sociedad bien ordenada y que, como ya he sugerido, una filosofía social y política no tiene por qué limitarse sólo a ser una teoría moral. La pregunta re-formulada rezaría así: ¿qué temas y problemas debería abordar la filosofía social y política? No creo que una teoría moral tenga los recursos necesarios ni suficientes para habérselas con lo que podríamos llamar "el problema de la enajenación", que se expresa, a mi juicio, en la creciente desafección de los

---

[13] No quiero sugerir con esto que no sea necesario focalizar políticas episódicas; pero cuando se extiende esta focalización a políticas públicas permanentes (como subsidios en educación y salud), el resultado inevitable es que el Estado libera a los más pudientes de la obligación de contribuir al bienestar de todos, desmejorando la calidad de los servicios públicos a los que tienen acceso los más pobres. Creo que en América Latina hay evidencia palmaria de que este resultado es consecuencia directa de la imposición de los criterios del Fondo Monetario Internacional. Véase, a este respecto, el último informe regional de desarrollo humano del PNUD: https://www.latinamerica.undp.org/content/rblac/es/home/library/regional-human-development-report-2021.html.

ciudadanos hacia las instituciones democráticas en las sociedades contemporáneas. Cierto es que una teoría ideal nos permite delimitar en qué consiste una institución y cómo ella ha de funcionar, pero por lo mismo semejante punto de vista tiende a considerar los problemas empíricos con los que se ven enfrentadas esas instituciones como aspectos o cuestiones externas a la esencia o núcleo de la institución en cuestión. Y si esto es correcto, difícilmente una teoría semejante nos permitirá entender esa desafección como un problema relativo a la normatividad de la institución.

Este es el punto especulativo al que, creo, apunta Hegel al comienzo de su *Filosofía del derecho*, cuando estipula que la ciencia filosófica del derecho tiene por objeto la idea del derecho, es decir, el concepto del derecho y su realización o actualización: el real alcance de una norma o de una institución no puede determinarse sólo a partir de sus aspectos conceptuales o semánticos (por ejemplo, la teoría ideal), sino que se acredita también por medio del tipo de agencia a la que pueda dar lugar y por la coherencia de esa agencia con la propia institución. Para ejemplificar: suele decirse que la desafección a la que aludí se debe al mal funcionamiento de las instituciones; allí donde el ejercicio del poder político está afectado por la corrupción o por la influencia del dinero, la institución no puede funcionar en su sentido ideal. Pero, como sugerí antes, la desafección popular respecto del poder democrático no es patrimonio exclusivo de democracias pobres y con baja cohesión social.

A este respecto es interesante traer a colación, como ejemplo, la desconfianza de una parte significativa de la población de los países desarrollados hacia las vacunas contra el SARS-

CoV 2 —hasta el punto que en algunos de ellos se ha hecho obligatoria la vacunación, al menos para ciertos grupos de personas—. Desde cierto punto de vista, que comparto, se trata de una actitud o bien irracional o bien de completa indiferencia moral de estas personas hacia el bienestar del resto de la población. Pero la masividad del fenómeno debería hacernos reflexionar sobre las causas sociales de semejante desconfianza —o, si se prefiere, sobre esa masiva irracionalidad o indiferencia moral—. Uno debería preguntarse por qué generaciones de europeos y norteamericanos que se han criado al amparo de instituciones democráticas representativas, protegidos por políticas sociales robustas, terminan por atacar el Capitolio o poner en duda la fiabilidad del sistema electoral o alterar masivamente el orden público o traicionar el espíritu ilustrado de sus tradiciones intelectuales.

El propio Rawls de *Teoría de la justicia* parece estar haciéndose cargo de una pregunta parecida cuando, en la tercera parte de la obra, se pregunta por la estabilidad eventual de una sociedad cuyas principales instituciones políticas y económico-sociales se han diseñado de acuerdo con los principios que las partes habrían escogido en la posición original. ¿Pueden los individuos que participan en esas instituciones experimentarlas como condiciones de posibilidad del propio plan de vida, de modo que el desarrollo de un plan racional de vida, por parte de los individuos, refuerce en cada generación la lealtad de los individuos para con esas instituciones? El "problema de la estabilidad" (o la sustentabilidad de las instituciones a lo largo del tiempo) es la contracara de la enajenación, pues esta consiste, precisamente, en el hecho de que las personas siguen participando de la institución pero sin que esta participación se base en razones que sean satisfactorias para los individuos. Esto nos dice algo de la visión de largo alcance de Rawls, que mezcla coherentemente en su enfoque teórico aspectos vinculados a la tradición del contractualismo moderno con una preocupación por el bien supremo que lo reconduce a la tradición aristotélica o a la hegeliana. Pero él mismo termina por entender que esa preocupación lo compromete con un ideal substantivo —"una doctrina comprehensiva"— que no se deja compatibilizar con el liberalismo político.[14] En cierto sentido, este es consistente con el hecho de que una teoría de la justicia es una teoría moral. La enajenación, en cambio, es un fenómeno por medio del cual constatamos en qué sentido los agentes, aun cuando actúen racionalmente, no son libres, pues no pueden reconocer en sus actos su propia agencia, mucho menos su agencia colectiva.

Problemas como este debieran orientarnos a pensar las instituciones de una manera distinta: no como maximización ideal de un valor o conjunto de valores, sino a la luz de hasta qué punto pueden los agentes reconocer en su acción en conformidad con la institución su propia agencia, es decir, hasta qué punto la participación en esas instituciones nos permite ser libres.

---

[14] Esta es la tesis substantiva que lleva a Rawls a una reformulación de sus ideas en *Liberalismo político*, FCE, México, 1995. La necesidad de esta reformulación está explicada soberbiamente en la introducción de Rawls a este libro. Para críticas distintas a este giro de Rawls, véase Chandran Kukathas & Philip Pettit, *Rawls, A theory of justice and its critics*, Stanford University Press, 1990.

La estructura básica, objeto de la teoría moral[1]

Thomas Pogge[*]

1. *Teoría de la justicia*, la obra más importante de Rawls, ha tenido un gran impacto en los países de habla inglesa y además un impacto significativo en el resto del mundo. El libro también ha tenido una cierta influencia en otras disciplinas académicas (sobre todo en la ciencia política, en el derecho y la economía), pero su impacto más allá de la academia ha sido hasta ahora más bien insignificante. Siguiendo la estela de Ronald Reagan y Margaret Thatcher, la política y el discurso político en Estados Unidos y el Reino Unido se han movido en una dirección libertaria, lejos de los valores fundamentales que Rawls buscaba promover: el valor equitativo de las libertades políticas, la igualdad de oportunidades y la preocupación por la posición socio-económica menos aventajada.

Después de haber vendido 400,000 copias desde que apareció hace cincuenta años, la lectura de *Teoría de la justicia* aún se asigna ampliamente en cursos de universidades anglófonas y resulta útil para desarrollar y moldear el pensamiento de profesores y estudiantes en torno a la justicia social. Su influencia ha sido positiva: muestra a los lectores cómo la filosofía puede hacer más que jugar con sus propios temas —cómo es capaz de trabajar exhaustiva y creativamente con temas

---

[1] Trad. de Suzanne Islas Azais. Los parágrafos de *Teoría de la justicia* aquí citados fueron tomados de la edición en español del Fondo de Cultura Económica (duodécima reimpresión de la segunda edición, México, 2018).
[*] Yale University.

importantes que todo ciudadano adulto debería ser capaz de ponderar—. Muchos terminan pensando, después de leerla, que vale la pena leer, estudiar, enseñar y escribir sobre filosofía. *Teoría de la justicia* se ha convertido en un paradigma de escritura académica clara, constructiva y útil, el libro ha enorgullecido a la profesión, particularmente también porque su autor era una persona muy buena y agradable.

Un aspecto clave de *Teoría de la justicia* es el de establecer el orden institucional de la sociedad (su estructura básica) como un objeto diferenciado dentro del análisis moral. Rawls incorporó este campo de la filosofía moral sustantiva bajo la idea de la "justicia social", y llamó la atención al respecto sobre la base de que la ética había sido cada vez menos capaz de hacerse cargo de aspectos moralmente significativos de las sociedades modernas. Existen grandes e importantes problemas sociales en estas sociedades que pueden abordarse de mejor manera desde el análisis moral institucional que desde el análisis moral de las interacciones. El análisis moral de las interacciones busca explicar las privaciones y los daños a partir de conductas ilegales o incorrectas. El análisis moral institucional, por su parte, busca explicar la incidencia estadística de los daños y las privaciones a partir de instituciones sociales ilegales o injustas.

Las ventajas del análisis moral institucional bien pueden ejemplificarse en el ámbito socioeconómico con problemas sociales como la pobreza y el desempleo. La ética podría abordar tales privaciones obligando a los agentes a realizar esfuerzos especiales fuera de sus actividades ordinarias, como donar dinero a organizaciones benéficas, por ejemplo. Pero, especialmente en los países anglófonos, esos deberes "positivos" de proteger y ayudar se consideran débiles o inexistentes; se piensa que los deberes éticos serios son "negativos", es decir, deberes de no hacer daño.

Algunos problemas sociales pueden abordarse mediante deberes negativos: los delitos, los accidentes de tráfico y la contaminación, por ejemplo, normalmente se remontan a agentes responsables que actuaron de forma incorrecta o, al menos, descuidadamente. Sin embargo, incluso en torno a estos problemas, los arreglos institucionales —el diseño del sistema de justicia penal, la capacitación de los conductores y las inspecciones de vehículos motorizados, la regulación de los sectores de energía, acero, cemento, agricultura y tráfico— marcan una gran diferencia en su tasa de incidencia. Y con respecto a otros problemas únicamente el enfoque institucional resulta prometedor. La pobreza y el desempleo a gran escala, por ejemplo, no pueden prevenirse asignando deberes ne- gativos a los agentes y no pueden atribuirse a conductas defectuosas de los propios pobres, ni a decisiones de compra o contratación indebidas por parte de consumidores individuales y corporaciones. La razón es que los participantes individuales del mercado sencillamente no pueden anticipar los efectos últimos de sus decisiones económicas. Esta incapacidad se debe no sólo a la ignorancia con respecto a los temas económi- cos, sino principalmente a la forma en que los efectos de tales decisiones individuales se vinculan entre sí. El que una de- terminada decisión de compra o inversión tenga un efecto positivo o negativo sobre el desempleo, por ejemplo, depende de muchas otras decisiones económicas, cuyos efectos, a su vez, dependen de otras más. En el mundo de hoy, está más allá de la capacidad del individuo promedio dar forma a su conducta económica ordinaria a fin de que no exacerbe la pobreza o el desempleo. Cualquier mandato ético en este sentido produciría ansiedad y sentimientos de culpa, pero no brindaría alivio a los pobres y desempleados.

Combinando esta idea de que la pobreza y el desempleo no pueden evitarse pidiendo a los agentes abstenerse de actos dañinos específicos, con la creencia común de que no existen deberes positivos fuertes para aliviar la pobreza, muchos en Estados Unidos prefieren pensar que debemos aprender a aceptar la pobreza y el desempleo tal y como debemos aceptar los terremotos y los huracanes. Sin negar las dos premisas de este razonamiento, Rawls cuestiona la inferencia y, por tanto, la conclusión. Y lo hace rastreando desventajas como la pobreza y el desempleo hasta las instituciones sociales mismas. Cualquier sociedad dada puede estructurarse y regularse de muchas formas diferentes, presentando diversas formas de organizar la cooperación económica y el control de los recursos y de los medios de producción. Hay varias opciones diferentes para diseñar las instancias gubernamentales y para formular las leyes que rigen la propiedad, la carga impositiva, el trabajo, la herencia, etc. Algunos de estos diseños institucionales tenderán a generar más pobreza que otros. La atención moral debe centrarse aquí: en el diseño y reforma de la estructura básica de la sociedad, no en los actos y omisiones particulares de sus participantes.

Esta perspectiva nos lleva más allá de los deberes éticos que se aplican a los agentes en su conducta ordinaria (como consumidores o vendedores, empresarios o inversores, etc.). Sugiere una responsabilidad adicional que tenemos como ciudadanos, a través de nuestra participación en el diseño mismo del orden institucional social. Se trata de una responsabilidad política especial asumida por ciudadanos adultos que son, así, corresponsables de la pobreza y el desempleo, los cuales podrían haberse evitado mediante un mejor diseño del orden institucional. A nivel individual, esta responsabilidad colectiva puede estar asociada con un fuerte deber a no cooperar en la aceptación de arreglos institucionales injustos sin hacer los esfuerzos adecuados para promover su reforma.

Es difícil lograr una reforma institucional mediante esfuerzos de colaboración. Requiere cooperación política. Y requiere investigar cómo la distribución de las cargas y beneficios moralmente significativos (educación, ingresos, empleo, salud, etc.) depende del diseño del orden institucional, y de cómo tenderían a ser estas distribuciones bajo diseños alternativos practicables. Sin embargo, tales esfuerzos son mucho más prometedores que los esfuerzos por moldear la conducta del día a día individual de modo que no empeore la distribución predominante.

El análisis de cómo los problemas sociales se ven afectados por el diseño institucional revela lo que los enfoques éticos generalmente dejan de lado: en el mundo moderno, un intrincado marco de instituciones sociales interrelacionadas condiciona la conducta de los agentes al determinar sus opciones e influir profundamente en los intereses, deseos y habilidades que desarrollan. A través de estas instituciones, los seres humanos se han vuelto cada vez más interdependientes, de modo que las decisiones que se toman en una parte del mundo pueden tener un fuerte impacto en las condiciones de vida del otro lado del mundo (el consumo de alimentos entre los hijos de los trabajadores textiles de Bangladesh bien puede depender de la moda de ropa de playa en Estados Unidos). El mero análisis moral de las interacciones no puede hacer frente a estas complejidades. Puede profundizar en el carácter de los agentes y su conducta en los diferentes roles que desempeñan. Pero debe tomar en gran medida como dadas las condiciones sociales que moldean el carácter de los agentes y todo el sistema de roles diferenciados.

Algunas de estas mismas limitaciones persisten cuando las instituciones sociales se analizan por separado, una a una. Dicho análisis no puede hacer frente a las formas en que las instituciones sociales son interdependientes en sus consecuencias —de modo que las consecuencias de alguna de ellas dependen del diseño de las demás—. Tal análisis puede llevarnos al punto en que cada institución social, manteniendo fijo el diseño del resto, está bien diseñada. Pero aún es posible hacerlo mucho mejor. Veamos, por ejemplo, el caso análogo de optimizar algún proceso de producción, tal y como ocurre en una fábrica. Incluso si cada etapa del proceso se diseña de la mejor manera posible, dada la forma en que se diseñan las otras etapas, aún es posible mejorar en gran medida todo el proceso: rediseñando todas las etapas o alterando su estructura misma —incluida la forma en que se divide en etapas—. De manera similar, el orden institucional de una sociedad puede mejorarse mucho si se le asume como un todo, tal y como Rawls pretende hacerlo desde su concepto clave de estructura básica. Esto permite el ajuste mutuo de los distintos dominios y funciones de las instituciones sociales con vistas a un arreglo total óptimo. Por tanto, el análisis moral institucional tiene importantes ventajas al tratar con sistemas sociales complejos. Permite una asignación plausible de responsabilidad hacia problemas sociales como la pobreza y el desempleo. Indica cómo pueden reducirse eficazmente estos problemas. Además, el análisis moral institucional ofrece la perspectiva de que los ciudadanos mantengan un orden institucional justo que los libere de tener que preocuparse por estos problemas sociales en su conducta diaria.

En Europa y en América Latina, estas ideas eran comunes cuando Rawls escribió gracias a los escritos de Marx, Durkheim, Weber, Pareto, Keynes y los teóricos de la dependencia. En los Estados Unidos, sin embargo, eran nuevas, tanto más cuanto que Rawls no las importó de Europa y su herencia socialista, sino que las desarrolló de forma independiente a través de su estudio de la teoría de juegos y la economía.

2. Rawls tiene como pieza central de su teoría una propuesta de criterio público de justicia con referencia al cual los ciudadanos deben evaluar y, en su caso, ajustar y reformar la estructura básica de su sociedad. Los dos principios de justicia y las dos reglas de prioridad (§46) son ese criterio público que, según él, las partes ficticias en la posición original prudentemente acordarían. Aquí Rawls concibe su experimento mental de la posición original de modo que cada parte represente exclusivamente los intereses de un individuo humano que pasará toda su vida en la sociedad en cuestión. En este sentido, su enfoque ejemplifica un individualismo normativo, de acuerdo con el cual los diseños alternativos de estructuras básicas deben evaluarse sobre la base del perfil distributivo de bienes y cargas que produciría cada uno de esos diseños. Un perfil distributivo es una constelación de posiciones, y cada posición es una

constelación de bienes y cargas relevantes que acumula un miembro de la sociedad a lo largo de su vida. Rawls se compromete así con la afirmación de que la justicia social depende únicamente del perfil distributivo: las partes están interesadas en las cargas y beneficios que los miembros esperarían acumular bajo diferentes diseños de la estructura básica, y estos dependen únicamente de la constelación de posiciones que cada diseño produciría.

Ahora bien, el perfil distributivo de una sociedad está determinado no sólo por su diseño institucional, sino también por factores ambientales como el clima, los patógenos y los recursos minerales, así como por las características de sus miembros como la laboriosidad y el espíritu emprendedor, los talentos naturales y su vulnerabilidad, la cultura y la religión, los valores y los hábitos. Por lo tanto, la evaluación de un diseño institucional también depende de qué tan bien se adapta a estos otros factores causales y cómo influye en algunos de ellos; qué tan bien motiva el cumplimiento de la ley, por ejemplo, y qué tan bien compensa y reduce patrones de comportamiento sexista. La teoría de Rawls nos instruye en diseñar la estructura básica de la sociedad de la manera que funcione mejor, en su entorno existente, para sus participantes individuales.

Esta concepción es una variante del consecuencialismo. Diferente del utilitarismo, sin duda, pero del mismo tipo. Esto la hace vulnerable a problemas semejantes. Muchos rechazan el consecuencialismo en la ética con contraejemplos que implican vías causales, especialmente la distinción entre actos y omisiones. ¿Debe uno matar a una persona inocente si hacerlo es la única forma de salvar las vidas de otras dos inocentes?

Una respuesta afirmativa redunda en interés de los afectados, mejorando sus posibilidades de supervivencia. No obstante, muchos están convencidos de que cualquier daño que una persona cause es más grave, en igualdad de condiciones, que un daño similar que ella no logra prevenir; que lo que importa no son simplemente las consecuencias de una decisión, sino también cómo se llega a dichas consecuencias. Esta convicción conlleva la pregunta de si tal distinción entre tipos de vías causales es relevante también al evaluar la justicia de un orden institucional.

El diseño del orden institucional de una sociedad puede influir en la distribución de los beneficios y las cargas sociales de diversas formas. Algunas cargas recaen sobre ciertos miembros porque las reglas así lo prescriben, como ocurre con el servicio militar. Otras porque las reglas lo permiten o facilitan; por ejemplo, la esclavitud. También existen cargas porque las prohibiciones legales no se aplican de manera efectiva: es el caso de la violencia doméstica. Y muchas otras surgen de la estructura económica, del conjunto de leyes sobre la propiedad, los contratos, los impuestos, etc.; como, por ejemplo, la pobreza. Cuestiones importantes de la justicia social dependen de si —y, en caso afirmativo, cómo— ponderamos los beneficios y las cargas de manera diferente según su origen causal. Esto es especialmente relevante para la comprensión de los derechos.

Rawls entiende los derechos y libertades básicos en dos dimensiones: en términos de su extensión y de su protección segura. La extensión está determinada por lo que garantizan los derechos legales asignados de acuerdo con la práctica judicial estándar; por ejemplo, qué conducta se considera protegida por una determinada libertad básica. En esta dimensión, Rawls evalúa una estructura básica por la medida en que los derechos legales que garantiza cubran lo que deberían cubrir. La protección segura está determinada por el grado de protección real del objeto de un derecho. Hay muchos países donde el derecho a la libertad de expresión está oficialmente garantizado, pero de ninguna manera asegurado —donde los partidarios de una opinión impopular son perseguidos por la policía o las autoridades fiscales, por ejemplo, o agredidos impunemente—. En tales sociedades, sostiene Rawls, el derecho básico a la libertad de expresión, y con él el primer principio de justicia, no se realiza.

En el caso de muchos derechos, la protección segura total es inalcanzable. No existe un diseño institucional practicable bajo el cual todo ejercicio garantizado de religión, o toda expresión garantizada de una opinión, se realice con certeza sin impedimentos. Y ninguna sociedad puede proteger absolutamente a sus ciudadanos de lesiones o muerte por delitos o infracciones de tránsito. ¿Significa esto que el primer principio de Rawls nunca podrá realizarse plenamente y que, dada su prioridad lexicográfica, la sociedad debe maximizar la protección segura de tales derechos excluyendo todo lo demás, aun si los gastos en seguridad superan a los gastos en arte, viajes, alimentos y ropa? Esta conclusión es claramente absurda. Por lo tanto, debe asumirse que Rawls afirma que una libertad o derecho básicos se realiza plenamente cuando su aseguramiento alcanza un cierto umbral. Para juzgar si este es el caso, es posible que sea necesario considerar diferentes categorías de ciudadanos por separado, porque una sociedad puede fallar sistemáticamente en proteger un derecho básico a un cierto género, a ciertas minorías o ciertos vecindarios. Entonces, una sociedad así no estaría realizando ese derecho básico relevante y, por lo tanto, no estaría cumpliendo con el primer principio de Rawls, incluso si todos los derechos enumerados están suficientemente asegurados en general.

La idea de los umbrales de seguridad hace posible que el primer principio se realice plenamente, como claramente pretendía Rawls. Pero plantea otro problema para la prioridad del primer principio. Cuando la protección segura de un derecho básico garantizado está (para algunos ciudadanos) por debajo del umbral, entonces elevarla al umbral cuenta como algo infinitamente más importante que cualquier mejora en la distribución del resto de bienes primarios. Pero cuando la protección de un derecho básico garantizado está (para todos los ciudadanos) en o por encima del umbral, entonces lograr una protección aún mayor es irrelevante para la justicia porque el esquema de libertades y derechos básicos garantizados ya es lo suficientemente seguro como para satisfacer el primer principio. Esta discontinuidad en el tratamiento de las ganancias marginales en términos de la protección de los derechos básicos parece extraña. No obstante, sin la estipulación de umbrales de protección segura, algo un poco por debajo del aseguramiento absoluto, el primer principio nunca podría satisfacerse plenamente, lo que haría indefendible su prioridad lexicográfica.

Si bien Rawls no se ocupa de la cuestión de cuánta protección de las diversas libertades básicas debería exigir el primer principio, sí discute las compensaciones entre extensión y protección segura en circunstancias no ideales, presentando aquí su primera regla de prioridad: "Los principios de la justicia han de ser clasificados en un orden lexicográfico, y, por tanto, las libertades básicas sólo pueden ser restringidas en favor de la libertad… una libertad menos extensa debe reforzar el sistema total de libertades compartido por todos "(§46).

El carácter consecuencialista del equilibrio que Rawls contempla aquí se muestra más claramente en sus reflexiones sobre el sistema de justicia penal. Escribe al respecto que un sistema penal implica al menos dos clases de desventajas: "una, los costos de mantenimiento del sistema coercitivo cubierto por la tributación; la otra es el peligro para la libertad del ciudadano representativo, medido por la posibilidad de que estas sanciones afecten injustamente su libertad. El establecimiento de un sistema coercitivo sólo es racional si estas desventajas son menores que la pérdida de libertad causada por la inestabilidad. Suponiendo que esto sea así, la mejor disposición es la que minimiza estos riesgos" (§38). En una sociedad razonablemente próspera, donde la carga fiscal que supone el sistema penal no influye en el cumplimiento de las libertades básicas, bien puede ignorarse este aspecto y concentrarse únicamente en los dos últimos factores. El sistema penal debe entonces organizarse de manera que se minimice la suma de dos tipos de peligros: los peligros para las libertades básicas de los ciudadanos por incumplimiento, que el sistema penal debe reducir, y los peligros de la intrusión ilícita del propio sistema penal en las libertades básicas ciudadanas. En la medida en que estos peligros se distribuyan aproximadamente por igual entre los miembros de una sociedad, su ponderación puede realizarse desde la perspectiva única del "ciudadano igual representativo" (§34; *cfr*. §16). Si basamos la justicia social únicamente en el perfil distributivo, agruparemos ambas amenazas a nuestros derechos fundamentales y minimizaremos la suma: así, un sistema de justicia penal justo es aquel que salvaguarda los derechos fundamentales de los ciudadanos de la mejor manera posible.

Contra esto se rebela William Blackstone con su famoso dicho: 'Es mejor que escapen diez culpables a que sufra un inocente'. Según él, las reglas de la justicia penal no deberían simplemente configurarse de la mejor manera para garantizar los derechos fundamentales de los ciudadanos. Blackstone sostuvo que las violaciones de los derechos fundamentales mediante la condena de personas inocentes son, en igualdad de condiciones, más graves que las violaciones de los derechos fundamentales mediante delitos que podrían haberse evitado castigando a los infractores culpables. Las violaciones del primer tipo son las que una sociedad inflige activa y oficialmente a los condenados en condición de inocencia. Las violaciones del último tipo son las que simplemente no logra prevenir.

Con su experimento mental de la posición original, con su primera regla de prioridad y también con los ejemplos que analiza (§38), Rawls se opone aquí rotundamente a Blackstone. Su concepción de la justicia es en este punto más consecuencialista de lo que probablemente quisiera admitir, en contraste con las concepciones más deontológicas de la justicia social que harían moralmente relevante la distinción entre tipos de vías causales. El rechazo de Rawls de tal relevancia moral es notable porque en la ética —en la evaluación moral de los actores y su conducta—, adopta una visión no-consecuencialista al reconocer la relevancia moral de la distinción entre deberes positivos y negativos (§19), es decir, entre dos tipos de vías causales. En este sentido, podría decirse que Rawls no cumple aquí con su objetivo de presentar un criterio público de justicia social que coincida con sus convicciones morales —y las de sus compatriotas—, en un amplio equilibrio reflexivo.

Consideremos otro conjunto de problemas. La estructura básica regula la distribución de los beneficios y cargas sociales —de derechos, deberes, poderes, oportunidades, ingreso, riqueza, etc.,— y por tanto ejerce una profunda influencia en la calidad de vida de todos los miembros de la sociedad. Sin embargo, esta calidad de vida también se ve influenciada por factores no sociales, como los accidentes afortunados o desafortunados que puedan sufrir dichos miembros en su vida diaria, así como las herencias genéticas que co-determinan su inteligencia, altura, atractivo, susceptibilidad a las enfermedades y carácter alegre. Esto plantea la pregunta de si los perfiles distributivos que determinan los juicios de justicia deben incluir también las ventajas y desventajas no sociales. Aunque estos están (¡hasta ahora!) más allá del control social, todavía es posible diseñar la estructura básica a fin de que la distribución de beneficios y cargas sociales se adapte a la distribución de bienes y desventajas no sociales.

Este asunto puede ilustrarse con un ejemplo de Amartya Sen. Los miembros de una sociedad tienen diferentes metabolismos que influyen en sus necesidades nutricionales. ¿Debería una concepción igualitaria de la justicia social favorecer los arreglos institucionales que compensen socialmente estas diferencias naturales? Una respuesta positiva puede apelar al hecho de que los miembros con metabolismos ineficientes no son responsables de ello, y que, por lo tanto, sería injusto si para alcanzar el mismo nivel nutricional que sus conciudadanos tuvieran que trabajar más. Al rechazar lo anterior, estos conciudadanos podrían señalar que ellos no son responsables de sus metabolismos ineficientes y, por lo tanto, la sociedad no debería obligarlos a subsidiar las necesidades nutricionales más elevadas que se derivan de su particular condición.

Curiosamente Rawls se encuentra en ambos lados de este debate. Propuesto como criterio público de justicia social, sus dos principios se enfocan exclusivamente en la distribución de beneficios y cargas *sociales*, dejando así de lado toda la información sobre la distribución de bienes y desventajas no sociales al momento de evaluar diseños alternativos de estructuras básicas. Por otro lado, Rawls permite a las partes en la posición original saber que sus clientes tienen tres intereses de orden superior, incluido el interés de tener éxito en la realización de los fines elegidos por ellos mismos (§82). El grado de éxito que tendrán los miembros de la sociedad en la realización de su "concepción del bien" evidentemente depende también de la suerte y de su dotación de bienes y desventajas no sociales. Por tanto, las partes podrían acordar no los dos principios propuestos por el propio Rawls, sino un criterio de justicia que, de acuerdo con Sen, favorezca en la distribución de los beneficios y las cargas sociales a aquellos miembros desfavorecidos por la suerte o la naturaleza. Con tal criterio compensatorio de justicia social, las partes protegen a sus clientes del riesgo de un destino triplemente agobiado, asegurando que aquellos que han sido escasamente dotados por la naturaleza y desafortunados en la vida, no terminen además en el fondo de la distribución de beneficios y cargas sociales.

La perspectiva de la posición original, que tendría en cuenta la suerte y la naturaleza, está más en el espíritu del consecuencialismo —la restricción de la justicia a la distribución de beneficios y cargas *sociales* es una desviación de ella—.

Cualquiera de estas dos posiciones es defendible. Pero son inconsistentes. Es un defecto grave en la teoría de Rawls el que no resolviera esta inconsistencia, no se dio cuenta de que las partes en su posición original preferirían un criterio público de justicia social que privilegiara el enfoque de la capacidad sobre el criterio público que Rawls afirma que adoptarían.

Un último conjunto importante de problemas surge del hecho de que la calidad del perfil distributivo de una sociedad está influenciada por la forma en que sus miembros llegan a sus posiciones. Pueden entrar en juego muchos tipos de características personales: inteligencia, fuerza física, apariencia, destreza, carisma, compromiso, diligencia, religión, color de piel, género, antecedentes familiares, etc. Si la justicia social depende únicamente del perfil distributivo, entonces estas características de los miembros deben influir en la posición que alcancen si y en la medida en que esto sirva para optimizar el perfil distributivo. Favorecer a ciudadanos especialmente inteligentes y conscientes en la asignación de admisiones universitarias y puestos de liderazgo es justo, porque mejora el perfil distributivo. Favorecer a los hombres es injusto, porque empeora el perfil de distribución al desplazar a mujeres más adecuadas por hombres menos adecuados.

Aquí uno puede objetar que en algunas sociedades los hombres son realmente más adecuados para ciertos puestos superiores como resultado de la existencia de prejuicios generalizados en contra de las mujeres como pilotos, cirujanas, comandantes y políticas. Una respuesta rawlsiana plausible a esta objeción es que la justicia en tales casos tiende a exigir el desmantelamiento de los prejuicios en cuestión, porque esto logra un mejor perfil distributivo a largo plazo.

En muchas sociedades, la situación familiar desempeña un papel importante en la consecución de puestos superiores. ¿Sirve esto para optimizar el perfil distributivo? La respuesta es complicada. Por un lado, favorecer a quienes crecieron en hogares de estatus alto empeora el perfil distributivo al desplazar a las personas más adecuadas de hogares más pobres. Pero, por otro lado, el perfil distributivo también mejora por el hecho de que todos los miembros que quieren asegurar buenas posiciones para sus hijos tienen incentivos más fuertes para trabajar duro en la búsqueda de un estatus social elevado. Para encontrar el diseño óptimo de la estructura básica, uno debe estimar empíricamente estos dos efectos opuestos y luego institucionalizar cualquier esquema de asignación de posiciones superiores que optimice el perfil distributivo.

Esta conclusión plantea la cuestión de si la justicia social en realidad depende únicamente del perfil distributivo. ¿No es en y por sí mismo inequitativo que la situación socioeconómica de los padres mejore significativamente las oportunidades de vida de las personas? ¿No es la movilidad social imparcial un requisito adicional e independiente de la justicia social?

Rawls también puede ubicarse a ambos lados de este debate. Su criterio público de justicia contiene un fuerte principio de igualdad de oportunidades que, restringiendo el principio de diferencia, exige explícitamente que "aquellos que están en el mismo nivel de capacidades y habilidades y tienen la misma disposición para usarlas, deberían tener las mismas perspectivas de éxito, cualquiera que [sea] su posición inicial en el sistema social. En todos los sectores de la sociedad debería haber, en términos generales, las mismas perspectivas de cultura y de éxito para todos los que se encuentran igualmente motivados y dotados" (§12). Por otro lado, Rawls formula la situación de las partes en la posición original para que rechacen esta demanda. A las partes sólo les importa el perfil distributivo, es decir, los beneficios y las cargas que les corresponderían bajo diferentes diseños de la estructura básica. Según Rawls, se identifican particularmente con la posición en mayor desventaja en cada uno de estos diseños. No aceptarán un empeoramiento de esta posición más baja (y del perfil distributivo en su conjunto) simplemente para evitar favorecer a los hijos de padres privilegiados.

Una vez más, la perspectiva de la posición original, que se preocuparía por el perfil de distribución y no prestaría atención a cómo puede correlacionarse con la situación familiar, se inserta más en el espíritu consecuencialista —prohibir cualquier influencia del estatus de los padres en la asignación de puestos es una desviación de eso—. Una vez más, cualquiera de estas dos posiciones inconsistentes sobre la movilidad social es defendible. Y, de nuevo, *Teoría de la justicia* tiene el defecto de no resolver esta tensión. Rawls no se dio cuenta de que las partes en su posición original rechazarían insertar el principio de oportunidad en el criterio público por encima del principio de diferencia.

Hemos señalado algunos problemas importantes con el criterio público de justicia propuesto por Rawls. Estos problemas no deben ensombrecer el hecho de que su teoría detallada y lúcida nos ha llevado al punto en el que estos problemas se pueden mostrar, discutir y resolver. Desafortunadamente, gran parte del debate posterior a Rawls en filosofía política se ha ocupado en generalidades abstractas en lugar de retener su enfoque en la tarea práctica de desarrollar una, o más, concepciones específicas de la justicia social que enriquezcan y moralicen los debates políticos públicos, contribuyendo así a estrechar las divisiones entre los ciudadanos. Es culpa nuestra —más que de Rawls—, que el potencial de sus ideas en el mundo real no se haya realizado hasta ahora.

3. Durante siglos, la reflexión explicativa y moral sobre la política estuvo marcadamente separada en los dos dominios de las relaciones intra-nacionales e inter-nacionales. Estos fueron vistos como mundos distintos; el primero habitado por personas, hogares, corporaciones y asociaciones dentro de una sociedad delimitada territorialmente, el segundo habitado por un pequeño número de actores: los Estados soberanos. Los gobiernos nacionales eran el vínculo entre ambos mundos. Al interior, el gobierno era un actor de importancia única dentro del Estado, que interactuaba con estos otros actores y, por lo general, los dominaba en virtud de su poder y autoridad especiales: su *soberanía interna*. Al exterior, el gobierno *era* el Estado, reconocido como autorizado para actuar en su nombre, para firmar acuerdos vinculantes, etc., su *soberanía externa*. Aunque vinculados de esta manera, los dos mundos fueron vistos como separados y las evaluaciones normativas dieron por sentada esta separación, distinguiendo claramente dos dominios separados de teoría moral.

El trabajo de Rawls todavía se despliega bajo las coordenadas de esta imagen, a pesar de que sus deficiencias se volvieron cada vez mayores y más evidentes en el período posterior a la Segunda Guerra Mundial y, especialmente, en las décadas posteriores a la Guerra Fría que Rawls sólo pudo vislumbrar. Hoy en día, a través de las fronteras nacionales acontece mucho más que meras interacciones y relaciones entre los gobiernos. Claramente hay muchos actores importantes adicionales en la escena internacional. El Banco Mundial, el Fondo Monetario Internacional y (ahora) la Organización Mundial del Comercio determinan de forma importante las perspectivas económicas de los países y sus ciudadanos. Las organizaciones mundiales y regionales, sobre todo las Naciones Unidas con sus numerosos organismos especializados y la Unión Europea, han adquirido funciones y poderes políticos que tradicionalmente se pensaba que pertenecían a los gobiernos nacionales. Las corporaciones multinacionales y las organizaciones no gubernamentales (ONG) internacionales se han convertido en poderosos actores transnacionales, no controlados por ningún Estado y superando a muchos de ellos en términos de su poder político.

Las interacciones y relaciones entre los Estados y estos nuevos actores se estructuran a través de sistemas de reglas y prácticas muy complejos, algunos de los cuales incluyen mecanismos de adjudicación y ejecución. Estos arreglos institucionales supranacionales influyen poderosamente en la vida interna de las sociedades nacionales: a través de su impacto en la contaminación y el cambio climático, las enfermedades invasivas, los conflictos y la violencia, la cultura y la información, la innovación y la tecnología, y —más profundamente— a través de las fuerzas del mercado que condicionan el acceso al capital y a las materias primas, así como a las oportunidades de exportación, las bases impositivas y tasas impositivas nacionales, los precios, salarios, las normas laborales y mucho más. Las consecuencias de los arreglos y actores institucionales supranacionales y multinacionales penetran profundamente en la vida interna de las sociedades nacionales.

Lo anterior es un aspecto de lo que a menudo se entiende por el término vago de *globalización*. Y este fenómeno ayuda a explicar por qué lo "global" está desplazando a lo "internacional" tanto en la teorización explicativa como en la teoría moral. El cambio en la terminología refleja que hoy en día ocurren muchas más cosas a través de las fronteras nacionales que antes. También refleja que la división entre los ámbitos nacional e internacional se está difuminando. Las fronteras nacionales están perdiendo su importancia causal y explicativa, por lo que parece cada vez más incongruente y dogmático insistir en su papel tradicional como marcos morales. Resulta claro que el análisis moral institucional debe ya aplicarse con urgencia también a nivel supranacional: debemos investigar la justicia de esa densa red emergente de arreglos institucionales supranacionales que dan forma tan profundamente a nuestro mundo contemporáneo.

La urgencia de esta tarea se destaca aún más por el hecho de que la pobreza mundial ha superado a la guerra como la mayor fuente de miseria humana evitable. Muchas más personas, unas 500 millones, han muerto por hambre y enfermedades remediables en las tres décadas transcurridas desde el final de la Guerra Fría que las que han perecido a causa de guerras, guerras civiles y represión gubernamental durante todo el siglo XX. Incluso las estadísticas oficiales confirman que más del 30% de la humanidad sufre una inseguridad alimentaria moderada o grave (FAO), con unos 20,000 niños y jóvenes que mueren prematuramente cada día (UNICEF). Una pobreza tan generalizada y severa no es el resultado de la escasez: el producto mundial bruto por persona ha alcanzado casi los 50 dólares internacionales por día (el equivalente al poder adquisitivo que tienen los dólares americanos en Estados Unidos). La pobreza extrema en nuestro mundo es más bien el resultado de una desigualdad global alucinante. Dos tercios de la población del África subsahariana, unos 700 millones de personas, viven con menos de 3 dólares internacionales por persona al día, por ejemplo, mientras que sólo un multimillonario, Jeff Bezos, es lo suficientemente rico como para duplicarles a todos ese ingreso durante un año sin dejar de conservar su condición de multimillonario.

La explicación fundamental de esta terrible desigualdad es sencilla: los ricos y sus organizaciones tienen los recursos y los incentivos para invertir en el análisis de los efectos de los arreglos institucionales, así como en el cabildeo para intervenir en su diseño. Tienden a aprovechar las oportunidades para influir en estos acuerdos de gobernanza en su favor y, por lo tanto, aumentar su participación en el producto social —lo que les permite invertir aún más en la captura regulatoria—. Vivimos bajo reglas diseñadas por los ricos para los ricos, con el efecto secundario involuntario pero muy real de que los pobres, a pesar de todo su arduo trabajo, terminan con una fracción ridículamente pequeña del producto social.

Podemos mejorar esta sencilla explicación agregando algunos detalles importantes. Los esfuerzos de captura regulatoria se volvieron mucho más lucrativos e intensos justo después del final de la Guerra Fría, cuando se creó una arquitectura institucional supranacional completamente nueva y se trasladaron funciones gubernamentales muy importantes del nivel nacional al supranacional. Es probable que las características básicas de este diseño institucional permanezcan intactas por siglos —del modo en que es probable que el diseño básico de una nueva ciudad persista a través de guerras, revoluciones, nuevos estilos arquitectónicos y tecnologías—. Al igual que el impulso globalizador de la década de 1940, el de la década de 1990 estuvo fuertemente dominado por los Estados Unidos, el principal ganador de la Segunda Guerra Mundial y de la Guerra Fría. En contraste con el impulso anterior, el último fue más profundo y mucho más consciente e inteligentemente controlado por actores privados, principalmente por aquellos en posición de influir en el gobierno de Estados Unidos. Así, las grandes corporaciones multinacionales estadounidenses y sus propietarios obtuvieron los arreglos institucionales supranacionales que querían; lo anterior de manera paradigmática con el Tratado de la OMC que, entre muchas otras cosas, estableció un único régimen uniforme de derechos de propiedad intelectual que es ideal para el enriquecimiento de las grandes corporaciones de software, farmacéuticas, de entretenimiento y las agrícolas.

La captura regulatoria a nivel supranacional ha tenido un éxito espectacular porque en realidad es más fácil que a nivel nacional. Por un lado, las negociaciones supranacionales carecen de transparencia. Se llevan a cabo a puerta cerrada y es en gran medida imposible, incluso en retrospectiva, asignar la responsabilidad de determinados resultados. Esto le proporciona a los gobiernos una negación plausible, lo que permite a cada uno de ellos afirmar que hizo lo mejor que pudo para conseguir un buen trato. Asimismo, las negociaciones supranacionales escapan en gran medida a la responsabilidad democrática. Aquellos que se ven perjudicados por un tratado internacional no tienen forma de castigar a los gobiernos que trabajaron arduamente para impulsar este tratado. Es posible que puedan castigar a su propio gobierno, pero es posible que no hayan tenido una opción razonable, ya que permanecer fuera de la OMC hubiera sido incluso peor para un país que aceptar la membresía en términos injustos. Un punto adicional es que las críticas morales del resultado de las negociaciones internacionales siempre se pueden mitigar con la trillada respuesta de que, en el ámbito de las relaciones internacionales, un Estado debe priorizar su interés nacional por encima de todo lo demás ('hacer concesiones evitables a los Estados más débiles sería obstaculizar fatalmente a Estados Unidos en su rivalidad a largo plazo con China...').

Estos tres factores, en conjunto, hicieron de la década de 1990 una oportunidad de cabildeo para los superricos y sus corporaciones —y por implicación una oportunidad también para que los intelectuales progresistas manejen el control de daños—. Desafortunadamente, sin embargo, en buena medida los intelectuales nos quedamos dormidos a lo largo de este relevante período: no pudimos entender lo que estaba sucediendo en las negociaciones cruciales de Uruguay, no alertamos a los medios, al público y a los gobiernos más progresistas del Sur global, no pudimos formular alternativas y no logramos presionar a los gobiernos de Estados Unidos y otros países para que prestaran atención a cómo las nuevas reglas del juego propiciarían la pobreza y la desigualdad en todo el mundo. Cuando nos dimos cuenta de lo que estaba sucediendo, hacia el cambio de milenio, los componentes clave del nuevo orden institucional supranacional ya estaban en su lugar —afianzados, en el caso del Tratado de la OMC, por una regla de unanimidad—.

Hoy en día, la tarea más importante en el ámbito de la justicia social es, con mucho, la de ofrecer críticas morales y preparar reformas moralmente fundamentadas de la red existente de arreglos institucionales supranacionales. Aquí debemos centrarnos en las reglas sustantivas y también en los procedimientos profundamente antidemocráticos a través de los cuales esas reglas sustantivas se formulan y revisan, juzgan y se hacen cumplir.

Quiero ilustrar la necesidad de una reforma sustancial con el problema de los derechos de propiedad intelectual, en el que he trabajado mucho a lo largo de los últimos años. Las reglas más importantes que rigen las recompensas a la innovación se globalizaron en 1995 a través del Acuerdo sobre los Aspectos de los Derechos de Propiedad Intelectual relacionados con el Comercio (ADPIC), Anexo 1C del tratado fundacional de la Organización Mundial del Comercio. Una disposición clave de los ADPIC da derecho a los inventores a veinte años de patente de productos sobre sus innovaciones en todos los Estados miembros (artículos 27.1 y 33). Durante la vigencia de dicha patente, el titular de la misma tiene un monopolio temporal sobre la fabricación y venta de su innovación en la jurisdicción pertinente. Así, protegidos de la competencia, los inventores pueden vender su producto patentado a altos márgenes de beneficio o cobrar altas tasas de licencia por los derechos de fabricación o venta. Estas ganancias les permiten recuperar sus gastos iniciales de investigación y desarrollo (I+D), así como aquellos que implica el proceso de patentar y obtener las respectivas aprobaciones regulatorias. Estos costos fijos de la innovación son, por tanto, pagados por los primeros compradores de los productos innovadores, que los adquieren mientras aún están bajo patente.

Las patentes proporcionan fuertes incentivos a la innovación. Pero también tienen tres inconvenientes desagradables. En primer lugar, dado que los titulares obtienen sus recompensas de las decisiones centradas en el usuario, las actividades innovadoras se centran en generar beneficios para los usuarios, ignorando en gran medida las externalidades tanto positivas como negativas. Esto conduce a una importante subinversión, por ejemplo, en innovaciones ecológicas cuyos beneficios van en su inmensa mayoría a extraños lejanos y generaciones futuras. También conduce a una inversión insuficiente en el desarrollo de cualquier producto farmacéutico nuevo que, al reducir drásticamente la incidencia de su enfermedad objetivo, aportaría grandes beneficios a los no usuarios pero, por lo tanto, también reduciría las ventas futuras del creador.

En segundo lugar, para maximizar su recompensa los titulares de patentes deben equilibrar precio y volumen, manteniendo la oferta lo suficientemente escasa como para sostener grandes márgenes de beneficio. En consecuencia, las innovaciones llegan a las poblaciones pobres mucho más tarde o nunca llegan. Un ejemplo, típico del sector farmacéutico, es el importante medicamento contra la hepatitis C sofosbuvir, vendido bajo la marca Sovaldi por el titular de la patente Gilead Sciences. Si bien su costo de producción inicial por ciclo de tratamiento de 12 semanas ascendió a un estimado de 68 a 136 dólares, el sofosbuvir se introdujo en los Estados Unidos a un precio de 84,000 dólares, es decir, con un margen de beneficio de aproximadamente mil veces. En los países más pobres, donde las clases altas son menos prósperas y están menos aseguradas, el precio que maximiza las ganancias es más bajo, pero sigue siendo inasequible dados los ingresos ordinarios también mucho más bajos. La razón es que incluso las desigualdades económicas intra-nacionales tienden a ser grandes y, por lo tanto, las curvas de demanda son muy convexas. Triste pero cierto: la mayoría de las personas en todo el mundo no pueden pagar medicamentos avanzados, al menos hasta que expiren sus patentes, lo que, en el caso del sofosbuvir, comenzará a ocurrir en 2028. Hoy, ocho años después de su introducción, sólo alrededor del 7% de los 71 millones de personas que viven con la hepatitis C ha sido tratada. Los 66 millones restantes continúan sufriendo. Y continúan infectando a otros, lo que, aunque rentable para el titular de la patente, causa muerte, sufrimiento y peligro para muchas otras personas.

En tercer lugar, las patentes no fomentan las innovaciones para las necesidades específicas de las poblaciones más pobres que no pueden pagar grandes márgenes. Este efecto es nuevamente más evidente en el sector farmacéutico, cuyos esfuerzos de investigación contra enfermedades específicas muestran una fuerte correlación con el ingreso promedio de la población de pacientes correspondiente. Como resultado, el mundo está lamentablemente mal equipado en lo que se refiere a productos farmacéuticos contra las enfermedades de la pobreza y las fórmulas pediátricas termoestables. Si bien la calvicie y la disfunción eréctil atraen abundante atención de la investigación y ganancias para los inventores, ocurre lo contrario con las veinte enfermedades tropicales notoriamente desatendidas, que afectan a más de mil millones de personas, y también con otras enfermedades importantes concentradas entre los pobres, como la tuberculosis, la malaria y la hepatitis y neumonía, que en conjunto matan a unos 7 millones de personas al año. Los creadores de productos farmacéuticos podrían reducir enormemente la carga mundial de morbilidad mediante el desarrollo y despliegue de nuevos productos farmacéuticos contra estas enfermedades de la pobreza. Tales esfuerzos producirían grandes externalidades positivas al reducir el riesgo de infección, así como el riesgo de mutaciones que podrían desencadenar una pandemia. Pero mientras los creadores de productos farmacéuticos dependan de márgenes de ganancia protegidos por la patente para sus ingresos, es probable que persista la falta de medicamentos efectivos contra las enfermedades de la pobreza.

Una forma de mitigar los inconvenientes del actual régimen de innovación implica la creación de *fondos de impacto internacional* que permitirían a los inventores renunciar a sus privilegios de monopolio convencional a cambio de recompensas basadas en el beneficio social. Cada fondo de impacto cubriría un amplio dominio de innovación, por ejemplo: innovaciones farmacéuticas, recompensadas según su impacto en la salud; innovaciones verdes, premiadas según su impacto en la contaminación; innovaciones educativas, recompensadas según su impacto en las competencias y el empleo; innovaciones agrícolas, recompensadas según su impacto en el rendimiento de nutrientes y el consumo de pesticidas, fertilizantes y agua.

Sostenido por una coalición de Estados, cada fondo de impacto ofrecería, en un mercado específico, reemplazar los márgenes protegidos por patente. Suscribiría una secuencia de desembolsos anuales, invitando a los inventores a registrar cualquiera de sus innovaciones para participar en diez pagos anuales consecutivos, cada uno dividido entre las innovaciones registradas según el impacto logrado en el año anterior. Con estas recompensas que permitirían a los solicitantes de registro recuperar sus gastos de I+D y obtener las ganancias adecuadas, los solicitantes de registro tendrían que aceptar renunciar a sus privilegios de monopolio exclusivo, o bien no cobrar ni recargos ni tarifas de licencia durante el período de recompensa y luego renunciar a cualquier privilegio de monopolio restante a partir de entonces. Se podría diseñar un fondo de impacto para exigir cualquiera de estas concesiones o dejar la elección a cada creador que se registre.

Un fondo de impacto de este tipo, al eliminar la parte del precio de la renta monopólica, haría que las innovaciones registradas fueran baratas de usar. Sin embargo, esos precios tan bajos no aniquilarían las ganancias del creador, que se derivarían de las recompensas de impacto con base en una valoración objetiva que es sensible a las externalidades: a los beneficios de la reducción de la contaminación más que los que disfrutan los compradores de una tecnología verde, por ejemplo, o la reducción del riesgo de infección que disfrutan las personas más que los beneficios de las que utilizan un nuevo producto farmacéutico. Es importante destacar que tales recompensas de impacto no se verían afectadas por la posición socioeconómica de las personas afectadas: la recompensa por evitar la contaminación, o prevenir la enfermedad o muerte prematura de una persona, no se ve afectada por lo que esta persona hace o podría pagar por ello.

Como metainnovación en la forma en que incentivamos y recompensamos las innovaciones, los fondos de impacto traerían grandes ganancias en la rentabilidad, beneficiando a las personas pobres en particular. Mientras que las recompensas de patentes convierten a los inventores en espías celosos en busca de posibles infractores, los fondos de impacto alientan a los creadores a promover activamente el despliegue generalizado y eficaz de su innovación —incluso subvencionando el precio ocasionalmente cuando la recompensa de impacto adicional esperada supera el costo del subsidio—. Si utilizáramos fondos de impacto además de las patentes monopólicas, se evitarían millones de muertes humanas cada año: muertes de personas que ahora fallecen por contaminación del aire, fenómenos meteorológicos extremos, pandemias, falta de acceso a los productos farmacéuticos necesarios y falta de nutrientes. Los creadores ganarían no menos de lo que ganan ahora, pero sus innovaciones tendrían impactos mucho más amplios y mucho más equitativos.

John Rawls, *A theory of justice*, Revised edition (Cambridge, MA: Harvard University Press, 1999).
Thomas Pogge, *Realizing Rawls* (Ithaca: Cornell University Press, 1989).
Thomas Pogge, *John Rawls: his life and theory of justice* (New York: Oxford University Press, 2007).

Los autores

Paulette Dieterlen Struck. Profesora-Investigadora en el Instituto de Investigaciones Filosóficas de la Universidad Nacional Autónoma de México (UNAM). Es autora de *Ensayos sobre justicia distributiva*, Fontamara, México, 2001 (2da. edición); *La pobreza. Un estudio filosófico*, Fondo de Cultura Económica/Instituto de Investigaciones Filosóficas, México, 2006 (2da. edición), y *Justicia distributiva y salud*, Facultad de Filosofía de la Universidad Nacional Autónoma de México, México, 2015.

Roberto Gargarella. Profesor Titular en el Departamento de Derecho Público de la Universidad de Buenos Aires. Entre sus publicaciones destacan: *Las teorías de la justicia después de Rawls, un breve manual de filosofía política*, Paidós, Barcelona, 1999; *Los fundamentos legales de la desigualdad. El constitucionalismo en América (1776-1860)*, Siglo XXI, Madrid, 2005, y *La sala de máquinas de la Constitución. Dos siglos de constitucionalismo en América Latina (1810-2010)*, Katz Editores, Buenos Aires, 2014.

Emilio Martínez Navarro. Catedrático de Filosofía Moral y Política en la Universidad de Murcia en España. Es autor de *Solidaridad liberal. La propuesta de John Rawls*, Comares, Granada, 1999; *Ética para el desarrollo de los pueblos*, Trotta,

Madrid, 2000 y *Ética profesional de los profesores*, Desclée de Brouwer, Bilbao, 2010.

Juan Ormeño Karzulovic. Profesor Asociado del Instituto de Filosofía de la Universidad Diego Portales, Santiago de Chile. Es autor de "Las condiciones formales de la persecución individual del Bien: la moralidad subjetiva en las *Grundlinien der Philosophie des Rechts* de Hegel, §§119–128", *Mutatis Mutandis: Revista Internacional de Filosofía,* núm. 15 (2020), pp. 51-65, así como de "Envidia, resentimiento e igualdad democrática", *HYBRIS, Revista de Filosofía*, Vol. 9, Número especial: Debates contemporáneos sobre Justicia Social, julio 2018, pp. 201-219. Es además editor, junto con Miguel Vatter, de *Forzados a ser libres. Kant y la teoría republicana del derecho*, Fondo de Cultura Económica, Santiago de Chile, 2017.

Thomas Pogge. Es Leitner Professor of Philosophy and International Affairs en la Universidad de Yale. Publicaciones destacadas: *Realizing Rawls*, Cornell University Press, Ithaca, 1989; *World poverty and human rights*, Polity Press, Cambridge, MA, 2008 y *Hacer justicia a la humanidad*, Fondo de Cultura Económica/Instituto de Investigaciones Filosóficas /Comisión Nacional de Derechos Humanos, México, 2009.

Otros títulos de nuestra editorial

Colección Testimonio
1. Fernando Pineda Ochoa. *Balada Marina y otras Historias* (2013).
2. Javier Balladares Gómez y Yared Elguera Fernández (Compiladores). *Ayotzinapa y la Crisis Política de México* (2016).

Colección Humanidades
1. Benedicto XVI y Francisco. *Fe, Esperanza y Caridad. Tres Encíclicas* (2014).
2. Gabriel Amengual, Ronald Beiner, Mauricio Beuchot, John Dunn, Otfried Höffe, María Pía Lara, Sergio Pérez, Francisco Piñón, Viridiana Platas, Jorge Rendón, Roberto R. Aramayo y Gabriel Vargas. *Filosofía y Sociedad hoy. Una conversación* (2017).

Colección Ensayo
1. Gustavo Leyva Martíncz, Jesús Rodríguez Zepeda, Guillermo Flores Miller, Suzanne Islas Azais y Jorge Rendón Alarcón. *Octavio Paz, México y la Modernidad* (2014).
2. Gerardo Ambriz Arévalo y Ricardo Bernal Lugo (Coordinadores). *El Derecho contra el Capital. Reflexiones desde la Izquierda Contemporánea* (2016).
3. Jacques Bidet. *Para una Refundación del Marxismo. Reflexiones sobre El Capital, el Estado-Mundo y el régimen neoliberal* (Ricardo Bernal Lugo, editor, 2017).
4. Ernst Kantorowicz. *Morir por la patria* (Estudio introductorio de Sergio Pérez y Javier Balladares, 2018).

Colección Problemas de México
1. Jorge Rendón Alarcón. *Sociedad y conflicto en el Estado de Guerrero, 1911-1995. Poder político y estructura social de la entidad* (2019).
2. Oscar Javier Apáez Pineda y Ricardo Bernal Lugo (Coordinadores). *Dimensiones de la desigualdad en México* (2020).